PURPOSE BRANDING
パーパス・ブランディング

「何をやるか?」ではなく「なぜやるか?」から考える

齊藤三希子

宣伝会議

目次

第5章

第6章

序

あなたの会社やブランドは、
何のために存在するのか

パーパス・ブランディングとは

良い人材を採用するにはどうしたらいいのか？
優秀な社員に長く働いてもらうためにはどうしたらいいのか？
イノベーションを起こすためにはどうしたらいいのか？
新規事業開発はどのようにしたらいいのか？
ＤＸはどのように進めればいいのか？
ステークホルダー、株主と良好な関係を築くにはどうしたらいいのか？
成長し続ける企業をつくるためにはどうしたらいいのか？

このような課題や悩みは、企業や組織の成長を考えたときに浮かび上がってくるものです。
パーパス・ブランディングは、企業や組織の根幹であり、拠り所となる「パーパス（存在理由）」を見つけ、究極的にはそれ一つで、様々な判断をして、課題を解決していくことです。拠り所となるパーパスを明確化すると、経営者も現場もブレることなく、同じ方向を見て進むことができる。それは、パフォーマンスの最大化につながります。

そして、パーパスは「今」にフォーカスした考え方です。突き詰めると「企業やブランドが何のために存在するのか」という問いに回答できる、シンプルかつ、パワフルな言葉に行き当たります。そして、ブランディングとは企業価値を高める行為に他なりません。

不確実でスピードが求められる時代にマッチした考え方

そもそも、なぜ、拠り所となるパーパスが必要なのでしょうか。

2020年代はコロナ禍という未曽有の事態から始まりました。それまでも不確実で先が読めない時代と言われていましたが、その空気がより一層強まり、経営判断におけるスピード感も重視されるようになっています。

会社のトップから現場に立つ従業員まで、全員が同じ方向を見て、おのおのが判断して行動する場合、その方向性からブレずに、しかもスピーディーに進めるためには、指針となる拠り所が必要です。平時でも緊急事態でもパーパスを拠り所に判断して行動ができるということは、スピードを求められることの多い不確実な今の時代において、アドバンテージになります。

ブランディングは、「人の意識」に働きかけることです。強いブランドを築くためには、ブランドに関わる人々の意識を統一したり、方向性をブレないものにする必要があり、そのために様々な施策やツールを駆使して働きかけが行われます。しかし、人間が言語を使って考え、会話をする以上、「言語化された判断基準」つまり「パーパス」が必要になるのです。日本人特有の「今までこうしてきたから」「言わなくてもわかるでしょ」といった、暗黙のルールや慣習を継承しているだけでは、真のブランディングはできません。

成長し続ける企業の秘密

気候変動、人種問題、格差社会。様々な社会課題がある中で、企業の存在価値が見直されています。企業は、株主・経済最優先の活動から、従業員、お客様、地域社会、そしてもちろん株主などのすべてのステークホルダーの利益を優先することが求められています。すなわち、社会の課題を解決しないのであれば、企業として存在する理由がなく成長もできないという時代に変わってきています。社会課題を解決するための第一歩として、パーパス・ブランディングが注目されるのは、このような時代背景によるものなのです。

実際に、アップルやナイキ、日本であればソニーのような、世界の名だたるエクセレントカンパニーは、パーパスを軸にした経営やブランディングを行っています。世界最大の資産運用会社、ブラックロックのラリー・フィンクCEOは「良い企業というのは、パーパスに深く取り組んでいる企業だ。それは、利益に反映されている。同じ業界の企業の間で、20〜40%の差がある。株価収益率でここまで差が出る現象を見たことがない」と『フィナンシャル・タイムズ』の記事で語っています。

エクセレントカンパニーの多くは社会に対する在り方を表明し、絶大な支持を得ています。ある種のコミュニティを形成し、共感できるパーパスによって、すべてのステークホルダーと時には強く、時には緩やかにつながっています。

「何をやるのか」ではなく、「なぜやるのか」

多くの組織では（自分たちが）「何をやるのか」は、すでにわかっているでしょう。それも、もちろん大切ですが、生活者のことを考えたときに、生活者は「何（WHAT）をやるのか」以上に、「なぜ（WHY）やるのか」に共感することで（商品を）購入したり、その企業に入社することを決めたりするケースが増えています。

このＷＨＹにフォーカスをして成功した企業の事例を見てみましょう。

今となっては誰もが知る「iPhone」や「MacBook」をはじめとするシンプルかつ画期的な商品を創出し続けているアップル社。アップル社は「Think Different.」を軸に自社の理念を繰り返し繰り返し、社会に発信しています。ポイントは、商品の性能を訴える前に、まず自社がどういう考えを持って商品作りをしたのか、そのストーリーを必ず盛り込んで伝えていることです。彼らは、現状に対して挑戦し続けている創造性溢れる人々のためにモノ作りや、サービスの提供をしています。つまり、アップル商品を購入した生活者は、単に「Mac」を買っているのではなく、アップル社の理念に共感し、日々使うことで、それを自ら体現していると言えるでしょう。

またこのＷＨＹという概念は、企業だけでなく、個人の行動にも当てはめられます。例えば歴史的人物であるキング牧師の演説。

「私には夢があります。いつの日か、この国は立ち上がり、この国の信条が真に意味することを実現できるでしょう。その信条とは、『私たちは、人々がみな平等に作られているという真理を、自明のものだと考える』ということです。

私には夢があります。いつの日か、ジョージア州の赤土の丘で、かつての奴隷の息子たちと、かつての奴隷所有者の息子たちが、兄弟愛のテーブルに一緒に座れるようになるでしょう。

私には夢があります。いつの日か、あのミシシッピ州のような、不正と抑圧の暑熱にうだる砂漠のような州でさえ、自由と正義のオアシスに変容することでしょう。

私には夢があります。私の4人の子供たちが、いつの日か、肌の色ではなく、人格の中身によって判断される国に生きることになるでしょう。」（『名演説で学ぶアメリカの歴史』より）

彼は自身の演説を、“I have a dream”で始めましたが、これが“I have a plan”と、WHATを意識したものであったらどうなっていたでしょうか。あの広場にあそこまで多くの人が集まっていたでしょうか。何十年も経った今、この時代まで語り続けられていたでしょうか。人々の心の中に残り続けていたでしょうか。おそらく答えはＮＯです。キング牧師が自身のＷＨＹであるパーパスを素直に伝えたからこそ、人々の心は動かされ、歴史に刻まれたのです。企業、商品、人、その対象に関係なく、人々が心動かされる理由には必ずＷＨＹがあります。デジタルの力で何もかも簡便に、効率的に情報を入手し、手に入るようになったからこそ、このＷＨＹが重要な時代になったと考えています。

企業で言えばサービスや商品、個人で言えばスキル。それらで他と差別化することも、もちろんできますが、長くは続きません。なぜならば、便利になった今だからこそ、誰かがそれを真似るのは簡単で、そこだけで競争したら終わりがありません。しかし、ＷＨＹは誰にも真似できませんし、競うこともできません。これらの話は、サイモン・シネック氏がＴＥＤでのスピーチで詳しく語っています。彼のスピーチ動画をぜひご覧になってみてください。

「何をやるのか」ではなく、「なぜやるのか」。ここにこそ、意味があります。

パーパスを再発見する

パーパスは、作るものではなく見つけるものです。それは、自分たちの中にすでに存在するものだからです。私たちエスエムオーは「パーパスをディスカバー（再発見）する」と言っています。

パーパスは、自分たちの「強み」と「情熱」と「ニーズ」が重なりあったところに存在します。

企業や組織ならではのパーパスを探し出し、明文化する。一つの言葉を探り当てる過程で、時にはマネジメント層と現場が衝突することもあります。しかし、一つの真実を巡って探求することは、そのプロセスも、同じ方向を向くための活動に他なりません。

「企業理念」や「社是」があるじゃないか。そうおっしゃる方もいらっしゃるかもしれません。

もちろん、そうです。そこにはきっとパーパスに近いことが書かれているかもしれないでしょう。でも、果たしてきちんと実践されているでしょうか。絵にかいた餅になってはいないでしょうか。時代のニーズとマッチしているでしょうか。それは、社員を動かすパッションに溢れた言葉でしょうか。もし、そうでなければ、見直したほうがいいかもしれません。

決して耳あたりの良い言葉でなくていいのです。社員が自分たちのブランドや組織を本物であると実感できるような、心に染みるフレーズであることが重要です。

私たちがパーパスを策定する際には、ロジカルな発想だけでなく、クリエイティブな発想も大切にしています。多くの場合、コピーライターなどクリエイターにもワークショップに参加してもらい、導き出します。組織の中で生み出された言葉は真実ですが、時に無骨だったり、長すぎてしまったり、時代に合わないケースもあります。「言いたいことはそうなんだけど、なんか違う」という感覚です。真実の言葉を「今」と「組織」にぴったりと合う言葉にしていくのは、私たちの仕事です。

パーパス・ブランディングの真髄

組織に関わる人たちが、パーパスに基づいた判断や行動ができるようになるためには、企業内外にパーパス・ムーブメントを起こしていく必要があります。パーパス・ムーブメントとは、見つけ出したパーパスを基に、インターナル（社内）とエクスターナル（社外）の活性化を行い、パーパスに対する理解や共感、信頼を得られるよう活動を続けていくことです。そこに終わりはありません。そして、そこに嘘があると、浸透していきません。特に経営者やマネジメント層がパーパスを信じ、それに基づいた判断や行動をしているかがとても重要になります。なぜなら、その姿を通して部下たちは「自分たちのパーパスは信頼するに値するものだ」と理解するからです。

パーパス・ブランディングは、大小関係なく経営者が深く関わるべきもの

産業や企業年齢にかかわらず、経営理念にパーパスを取り入れる企業が続出しています。パーパス・ブランディングは、資金調達やロイヤリティの高い顧客の獲得、エンゲージメントによる高い生産性とイノベーションの創出まで、経営に関わる重要な領域に強い影響を与えています。パーパス・ブランディングを正しく行えば、競争優位性を確立し、世の中に真の変化をもたらす心強いツールになると確信しています。

パーパス・ブランディングは、大企業はもちろんのこと、中小企業や小規模な組織、個人でも使えるものです。従業員のモチベーションを維持するためにも、大変有効だと考えます。

COVID-19の感染拡大以降、企業と従業員の在り方は大きく変わりました。今までオフィスという場で働くことによって、特に意識せず企業文化に触れることができ、自分がこの会社

の一員であると自覚できていたはずです。しかし、リモートワークになると帰属意識が薄れがちで、会社に属している必要があるのか？という疑問が湧きかねません。そのときに従業員一人ひとりが自分たちの存在理由を理解し、共感できていると、各自のやるべきことが明確になり、迷いは生まれにくくなります。

「何のために存在するのか」を見つけて、それを基にブランディングしていくこの方法に、組織の大きさは関係ありません。自社の利益だけでなく、社会のために何をするのか。どんなポジティブなインパクトを与えられるのか。組織の大きさ問わず、そのことを真剣に考え、実行しているビジネスかどうかが重要です。

本気度が試される

パーパス・ブランディングは、パーパスを見つけたら終わりではありません。そこが始まりです。

社内外に自社のパーパスへの理解を深め、浸透させるために、ツールを制作し、説明会や研修、イベントを開催し、広告を掲載するなど、あらゆることをやり尽くした後、再び、パーパスの検証のサイクルを回していきます。

組織が続く限り、働く人は入れ替わり、新しいお客様も増えるでしょう。その企業や組織に関わる人すべてにパーパスが伝わるよう、発信し続けることが重要です。そのとき問われるのは、リーダーの本気度。徹底的にやろうと思えば、時間と労力、つまりお金がかかります。それだけの投資ができるかどうか、リーダーの覚悟がわかる瞬間です。

逆に言えば、リーダーが本気で「パーパス」の力を信じられないのであれば、パーパス・ブランディングに取り組む意味がないので、やめたほうがいい。実際、初めてお会いする企業の方に、私たちはそのように伝えています。

本書には日本でいち早くパーパス・ブランディングに携わってきた私たち、エスエムオーの研究成果や、クライアントワークの実例などを基に「パーパス・ブランディングとは何か」をまとめました。1冊読むことで、一通り「パーパス」と「パーパス・ブランディング」について理解いただけるように構成しています。本書の第1章と第2章はパーパスとその効果について、第3章、第4章、第5章はパーパス・ブランディングの概念と手法、第6章はパーパスを軸にした事業展開について解説しています。

まずはパーパスという概念を理解し、その後、パーパス・ブランディングについて読むのがおすすめですが、早くパーパス・ブランディングについて知りたいという方には、第3章、第4章、第5章で事例を紹介していますので、まずそちらを読んで具体的な課題をつかんでから、第1章に戻って読んでみてください。また、各章のおわりには、その章のまとめが入っていますので、振り返りにお使いください。

内容は、様々な業種や職種、企業規模などを超えて応用できるものです。そして、経営やブランディングに携わる方をはじめ、多くのビジネスパーソンにとって、まさに今、パーパスは必要な考え方であると信じています。

「パーパス」とはなにか

最近よく聞くけれど、そもそも「パーパス」の定義とは

世界の名だたる企業は、企業理念に沿った経営戦略を実現しています。

それは、なぜでしょうか。

その答えの一つが現在、世界中で注目されている「Purpose（パーパス）」という概念にあります。企業は自らのパーパスを明確にして「パーパス主導型企業」となることで、有能な人材を獲得し、組織の団結力を高め、たくさんの人から支持されるなど、多くのベネフィットを得ています。

では、パーパスとは何なのか。

英語のPurposeという言葉は、日本では多くの場合「目的」と訳されます。一方、企業のブランディングやマーケティングにおける新たな用語としてのパーパスは「存在理由」というニュアンスに近い。つまり、企業は「何のために存在するのか」という社会的意義を見つめ直すべきである、という考え方です。

「なぜ存在するのか」

パーパスを最もシンプル、かつ純粋に表現すると、この一言になります。

辞書でパーパスを調べると、大きく分けて二つの意味が載っています。第1は「目的」と「狙い」、第2は「〔存在などの〕理由、意義、意味」。この二つに加えて、エスエムオーでは、「志」をパーパスの第3の意味と定義しています。

パーパスに「志」を入れる理由は、今後、ますます労働人口の比率を多く占めてくる働き世代「ミレニアル世代」の存在なしには語れません。では、なぜミレニアル世代と、志としてのパーパスに深い関係があるのでしょうか。

社会問題に関心を持つミレニアル世代

自社は何のために存在するのか、在籍する社員は何のために働いているのか。

企業や組織、個人の存在理由を意味する概念であるパーパスを起点とした経営スタイルは、海外のビジネスシーンでメインストリームになりつつあります。パーパスを明確にしない企業はもはや生き残れないとまで言われる理由の一つは、若い世代、特に「ミレニアル世代」と呼ばれる人々の価値観にパーパスがマッチしているからです。

ミレニアル世代は明確に定義されていないのですが、アメリカでは一般的に１９８１年から１９９６年の間に生まれ、２０００年代に成人・社会人となった層を指します。このミレニアル世代は、アメリカでも日本でもベビーブーマーの子どもたち世代に相当し、経営マネジメント論や、ミレニアル世代を消費者として捉えたときのマーケティング論を語る上で注目されています。日本においてのミレニアル世代は、１９８７年以降に生まれた「ゆとり世代」と重なる部分が多く、彼らは２０２１年現在、34歳以下で過半数が20代とされます。

ミレニアル世代は、デジタル・パイオニアとも呼ばれる世代です。人類史上初めてのデジタルネイティブとなった彼らは、物心がつく頃にはインターネットをはじめとしたＩＴ技術やパソコン、スマートフォンなどが普及していた環境に育ちました。そのため、前世代と比較すると情報リテラシーが高く、ＩＴを利用した作業やインターネットでの情報検索をはじめ、近年ではＳＮＳでの情報発信・情報共有を活発に行うなど、先進技術に高い親和性を持っています。つまり彼らは、消費や就職などの選択において、企業などから一方的に発信される情報を鵜呑みにすることなく、直接会わずとも共感できる人や共通の課題を持つ人と情報を交換し、意思決定を行う傾向にあります。

また、ミレニアル世代は就職する企業を選ぶとき、ワークライフバランスと福利厚生に重きを置く傾向にあると言われます。プライベートな時間の重視や、在宅勤務、フレックスタイム制、さらには副業の肯定などといった、柔軟性に富んだ働き方を望む人も多い。所属する企業に一生勤め上げるという意識を持たない人も多く、終身雇用が当たり前と考えていた前世代と比較して転職も活発に行います。

さらに、ミレニアル世代の特徴として、社会問題への関心や社会への貢献の意識が高いことが挙げられます。２００１年にアメリカで起きた同時多発テロ事件や２０１１年に日本で起きた東日本大震災をはじめ、現在日本で大きな問題となっている、俗に言うブラック企業問題、セクハラやパワハラといったハラスメント問題など、数多くの社会問題を直接目にしたり耳にした世代です。そのため、社会問題に強い関心を持ち、自身の信条のためにボランティアや寄付活動に参加する人々の割合も少なくありません。

ミレニアル世代がパーパスを求める理由

そのような特徴を持つ彼らは、例えばGAFA※のように21世紀に社会変革を実現してきた組織が身近な存在として常にあったことから、自分たちの勤め先においても、金銭的なインセンティブ以上に、その組織で何を達成できるかを重視する傾向があります。そのため、勤め先が

※　GAFA：世界最大のプラットフォーム企業群であるグーグル（Google）、アップル（Apple）、フェイスブック（Facebook）、アマゾン（Amazon）の4社のこと。

彼らにとって魅力的であるためには、組織の仕組みで縛り付けるのではなく、組織の持つ存在理由に共感してもらい、一緒に良い社会をつくっていくことを主軸に置く必要があります。２０２５年にはミレニアル世代が世界の労働人口の75％、日本においても50％を占めると言われています。このような人口動向の中、組織を支える人材として、また自社の商品やサービスの消費者として、その両面から支援してもらうためにも、ミレニアル世代に対して自らの経営理念や存在理由を訴えかけることが欠かせないといえます。

ミレニアル世代の代表的な経営者であるフェイスブックのマーク・ザッカーバーグ氏は、２０１７年5月に母校ハーバード大学の卒業式での祝辞でパーパスについて語り、話題となりました。パーパスを重視するザッカーバーグ氏はスピーチの中でこう語りかけています。

「『人生のパーパスを見つけなさい』というような、よくある卒業式のスピーチをしたいわけではありません。僕たちはミレニアル世代だから、そんなことは本能的にやっているはずです。自分の人生の目標を見つけるだけでは不十分で、僕たちの世代にとって大切な課題は、『誰もが人生の中で、自らのパーパスを持てる世界』を創り出すことなのです」。

パーパスとは、生きがいや働きがいの同義語といえるのかもしれません。個人がパーパスを重視する時代だからこそ、企業に対しても存在理由を求める世の中になっているのでしょう。だからこそ、リーダーを数多く輩出しているハーバード大学の卒業生たちに、このようなメッセージを送ったのです。

興味深いデータがあります。ビジネス特化型SNSを運営するアメリカのリンクトインが2016年に3000人のビジネスパーソンを対象に実施した調査によると、「人々の生活や社会に対してポジティブなパーパスを掲げる企業で働くならば、給与が下がってもいい」と答えた人は全体の49%と、ほぼ半数を占めるという驚くべき結果が出ました。そのうち「給与が1〜5%下がってもいい」は20%。「5〜20%下がってもいい」は19%。残りの10%はなんと、「20〜100%下がってもいい」と答えたのです。

世界でいち早くパーパスを定めた企業の一つとされるP&Gは、1987年に「自社製品に最高のクオリティーと価値を与え、世界中の顧客のニーズを満たす」というパーパスを掲げています。世界の先進企業においてパーパスは、企業のビジョンやミッションを定義するための根幹となる概念と位置づけられているのです。パーパスを明確に打ち出し、それを軸にしてコンセプト、戦略、社員の行動様式まですべてを統一する。こうしたパーパス主導の経営のあり方、私たちのいうパーパス・ブランディングが世界中で広がってきているのは、ミレニアル世代はもちろん、今の時代に求められているからこそと言えるでしょう。

パーパス・ブランディングを印象づけたナイキのキャンペーン

アメリカでは数年前から、パーパスを軸としたブランディングが注目を集めてきました。近年でそれを強く印象づけたのが、元ＮＦＬサンフランシスコ・49ｅｒｓのクオーターバック、コリン・キャパニック氏を起用したナイキのキャンペーンです。

2016年、警察の黒人射殺事件や人種差別に対する抗議の意を表明するために、キャパニック氏はアメリカンフットボールの試合前の国歌斉唱の間、起立せずに膝をついた姿勢で抗議行動をとりました。それを見たトランプ元大統領は「国歌を侮辱した」としてツイッターで怒りを発し、キャパニック氏を非難しました。NFLはキャパニック氏の抗議行動に反対を表明はせず、中立な立場をとりましたが、キャパニック氏はチームとの契約を結べないまま事実上の解雇となりました。

ナイキは彼らの当時のパーパス※である"to unite the world through sport to create a healthy planet, active communities and an equal playing field for all"（健康な地球上で全ての人が平等に競えるフィールド、そしてアクティブなコミュニティを作り、スポーツの力で世の中をひとつにする）という信念のもと、タグライン〈Just Do It.〉の誕生30年を記念した「Dream Crazy」キャンペーンでキャパニック氏を起用しました。ナイキは自社ビルの上の巨大なビルボードに、キャパニック氏の顔を全面に出したモノクロの広告を掲出。そこには「Believe in

※　2021年3月にこのパーパスは改定済み

something. Even if it means sacrificing everything. Just Do It.」（すべてを犠牲にしても、信念を貫こう）と書かれていました。

このビルボードメッセージと共に、ナイキはユーチューブに「Dream Crazy」の動画を掲載。それに対して、再びトランプ元大統領が非難し、ナイキの靴を焼き払っている批判動画をソーシャルメディアにあげる人々も現れました。しかし、ナイキを支持するユーザーが次々と現れ、商品はオンラインで驚異的な売り上げを記録し、株価は反転上昇、同社史上最高値の80・06ドルを更新しました。

この社会的事件で注目したいのは、ナイキのブランディングが、社会や個人の価値感に直接働きかけて支持を得たところにあります。アメリカ型スポーツ（野球、アメリカンフットボール、バスケットボールなど）は、デモクラシー的な公共性と巨大なビジネスのせめぎ合いです。スポーツが巨大なビジネス市場として成長すればするほど、アメリカの混沌とした人種差別、貧富差などの社会問題が強く組み込まれます。ナイキが「公平と平等」という自らのパーパスのもとで行った勇気あるキャンペーンは、そんなアメリカ社会に問いかけるようでした。組織やブランドがこうしたパーパスを消費者に直接訴えること、そしてその価値観が消費者個々の大切にしている価値観と重なることで、共感となり、支持者となり、いわゆるファンでありインフルエンサーというような存在にもなりうるのです。

製品や市場を超えて、組織の「存在理由」そのものが社会や個人へダイレクトに働きかけ、ムーブメントをもたらした——これこそがパーパス・ブランディングの目指す在り方です。

ミッション・ビジョン・バリューズとの違い

ご相談を受けたお客様から、私たちがよく聞かれる質問があります。それは、「パーパスと、ミッション・ビジョン・バリューズはどう違うのか？」ということです。この「パーパス、ビジョン、ミッション、バリューズ」は、私たちが企業理念の4要素と呼んでいるものです。では、これらはどのように異なるのでしょうか？

相違点は3つあります。

第1に、ビジョンが未来形であるのに対し、パーパスは現在形で、今この瞬間の存在理由について強く訴えていること。第2に、ミッションとビジョンという言葉の持つ定義は曖昧ですが、パーパスは明確であること。人によって、ミッションやビジョンは意味の捉え方が異なるのに対し、パーパスはその意味を突き詰めると、なぜそれをやっているのか、という明確かつシンプルな本質に行き着きます。第3は、ミッションとビジョンがビジネスパーソン向けの言葉であるのに対し、パーパスは日常的に使われ、すべての人に親しまれ受け入れられるような、言わばパーソナルな言葉であるということです。

それぞれの関係も明確にしましょう（図1参照）。

エスエムオーでは、このようにそれぞれの意味を定義しています。

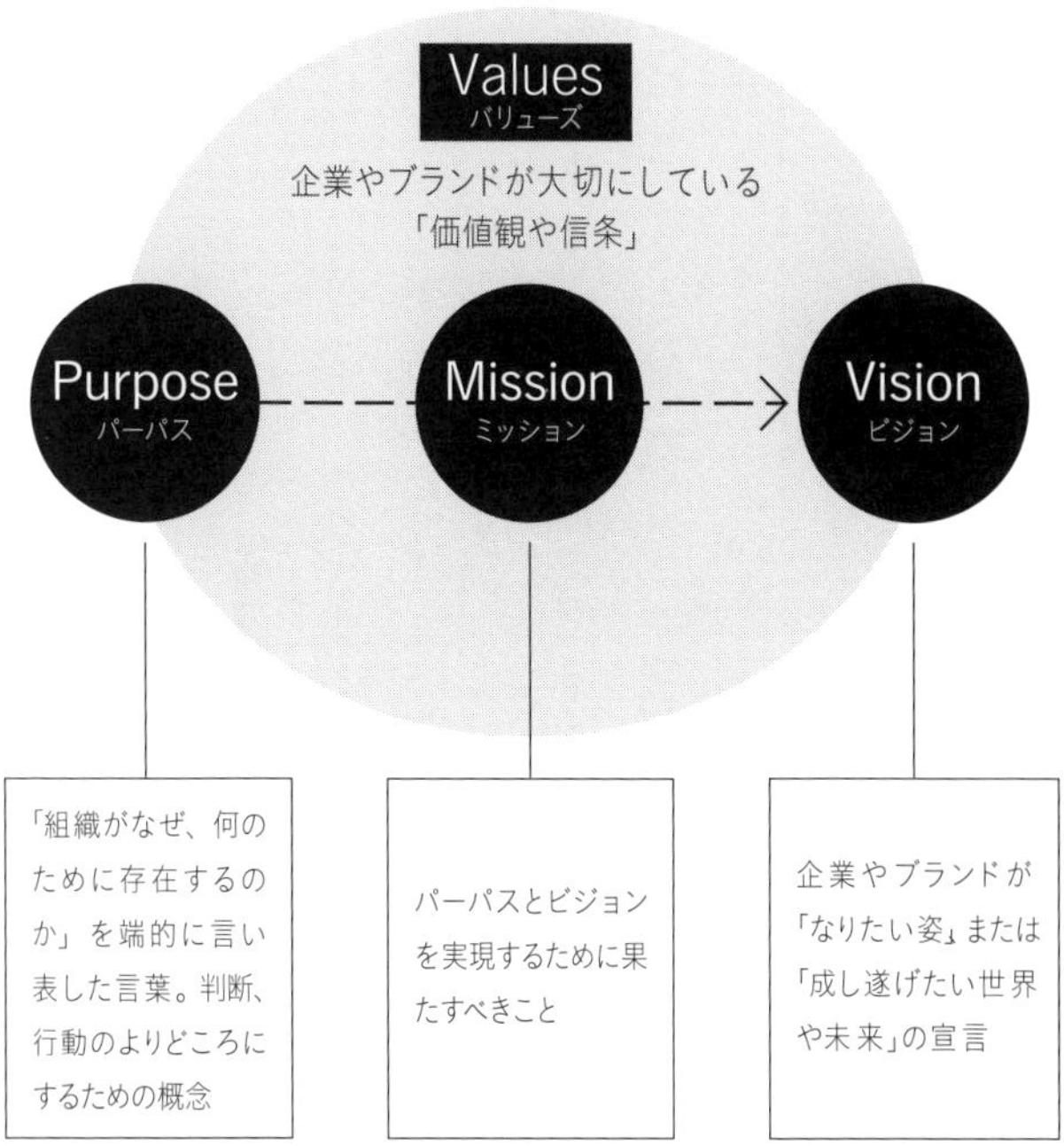
Values
バリューズ
企業やブランドが大切にしている
「価値観や信条」
Purpose
パーパス
Mission
ミッション
Vision
ビジョン
「組織がなぜ、何のために存在するのか」を端的に言い表した言葉。判断、行動のよりどころにするための概念
パーパスとビジョンを実現するために果たすべきこと
企業やブランドが「なりたい姿」または「成し遂げたい世界や未来」の宣言

図1

これらをわかりやすく示すと、このようになります。

パーパス	×××のために、我々は存在します
ビジョン	○○（形容詞）な■■■（名詞）を目指して
ミッション	それには、△△△をしなければなりません
バリューズ	常に◇◇◇（形容詞）な姿勢で取り組みます

では、あなたが、住んでいる街の人たちをより健康にしたいという理由で、サラダ専門店を立ち上げることにします。それぞれを当てはめてみましょう。

パーパス	どうしてサラダを社会に届けるのか？
ビジョン	サラダを届けることで変えたい未来の形
ミッション	こんなお店や商品やサービスを提供

バリューズ	お店や従業員の理想とする〝性格〟

例　←

パーパス	この街の人たちに、より健康的で長い人生を
ビジョン	サラダで心と体を綺麗にし、医者いらずに
ミッション	野菜嫌いの人でも美味しく食べられるサラダをたくさん届けます
バリューズ	好奇心旺盛、フレンドリー、フレッシュ

このように、仮定して当てはめてみると、実際の違いがよく見えてくると思います。

「野菜嫌いの人でも美味しく食べられるサラダをたくさん届ける」ことは、サラダ専門店として実行しているミッションであって、パーパスではありません。それぞれの違いがおわかりいただけたでしょうか。

パーパス主導型企業、ホテルチェーン ハイアットのパーパス

実際の事例として、パーパスとミッション・ビジョン・バリューズをすべて掲げているホテルチェーンのハイアットの例を紹介します。

ハイアットは、パーパス主導型企業の代表例であり、パーパス・ビジョン・ミッション・バリューズが明確に表明されているので、それぞれを説明する好事例としてよくエスエムオーのセミナーでも紹介しています。

企業理念の要素	意 味	ハイアットの場合
Purpose	組織はなぜ存在するのか？	We care for people so they can be their best. 私たちは思いやりの心で、相手の「最高」を導き出します
Vision	組織がなりたい姿	A world of understanding and care. 理解し思いやる世界に
Mission	PurposeとVisionを実現するために果たすべきこと	To deliver distinctive experiences for our guests. ゲストに特異な体験をお届けする
Values	Missionの実行において大切にしている信条	Respect, integrity, humility, empathy, creativity, and fun 尊重、誠意、謙虚、共感、創造性、楽しむ

ハイアット　公式サイトより

彼らのパーパスは、「私たちは思いやりの心で、相手の『最高』を導き出します」。元の英文には「care」という動詞が含まれており、「相手の最高を導き出すためにケアする（思いやる）」が彼らの「なぜやるのか」の部分です。

ビジョンは、「理解し思いやる世界に」。これは、組織が目指す形態、ゴール地点の在り方です。ミッションは、これら2つ（パーパスとビジョン）を実現するために果たすべきことであり、ハイアットの場合「ゲストに特異な体験をお届けする」と定義しています。そしてバリューズは、ミッションを達成するために大切にしている信条。ハイアットは「尊重、誠意、謙虚、共感、創造性、楽しむ」の6つとしています。

この一例は、あくまで違いを説明するためにご紹介したものです。「パーパス・ビジョン・ミッション・バリューズ」の4つをセットで掲げなければならないわけではありません。パーパスや理念体系は各企業の考え方に合わせて柔軟に導入することが優先されるべきだと考えています。パーパスに合わせてすべてを見直さずとも、今ある体系に新たにパーパスを加えたり、あるいは、今ある理念が存在理由を示しているのであれば、「これが理念であり、パーパスでもある」ということでも良いのです。パーパスの良さは、シンプルでわかりやすいことです。具体的には次の章で述べますが、現代は社会・人を重視する世の中に変わってきています。より人間性が求められている中で、情報が溢れ、先行き不確かな現在の世の中には、パーパスの考え方がフィットしているのです。

パーパスの考え方とプロセス

私たちの理念をご説明したいと思いますが、その前に少し会社のことを紹介します。エスエムオー株式会社は、ブランディングとイノベーションを支援するコンサルティングファームです。「本物を未来に伝えていく。」というパーパスを掲げ、「パーパス」主導のブランド・トランスフォーメーションを起こすためのコンサルティングを行っています。

そもそも、なぜ私たちはパーパス・ブランディングに取り組むようになったのか。

かつて私は、電通に入社後、電通のシンクタンクである電通総研に在籍していました。そこで「どうしたらイノベーションを起こせるようになるのか」「どうしたら強いブランドを生み出せるのか」という問い合わせをよく受けていました。それに対してアイデアを出すものの、そのほとんどが実行に至らなかった。それで、いつしか思うようになったのです。

技術的に劣るとは思えない日本企業で、どうしてアップルやナイキのようなイノベーティブな商品が作れなくなってしまったのか、たとえ作れたとしても、なぜ、強いブランドに成長していかないのか。どうして、消費者に刺さるマーケティングやコミュニケーションが実践できないのか。また、ブランディングというと、ロゴデザインを綺麗にするだけの表面上のコミュニケーションを指すことが多いのはなぜなのか、と。

そのような課題意識を抱き続けていましたが、ある日、転機が訪れました。電通から独立して2005年に株式会社齊藤三希子事務所（後にエスエムオー株式会社に社名を変更）を立ち上げ、とある日本のメーカーのブランディングに携わっていた時のことです。

そのメーカーでは、それぞれのプロジェクトごとに、機能差で勝負をかけることばかりに注力していました。例えば、競合他社の製品には4つの機能が付いているので、自社製品には5つの機能を付けて対抗する。そしてそのいたちごっこを繰り返す、というような状況です。そこに、常々疑問に抱いていた、日本企業の問題点を目の当たりにしたような気がしたのです。

そうしたアウトプットは、相手より一つ上をいった満足感は得られるかもしれません。ただし、「イノベーション」と呼べるようなドラスティックな変革を起こすには至らず、働く人も疲弊させます。


一体、アメリカと日本では何が違うのだろう。社内でよく議論しました。ある日、アメリカ人コンサルタントのジャスティン・リーが、「日本の企業がアメリカの企業のようにイノベーションや強いブランドを生み出せなくなってしまったのは、〝パーパス〟がないからではないか」と言ったのです。

日本の企業は「ＨＯＷ」と「ＷＨＡＴ」で闘い続けているが、本当に大切なのは「ＷＨＹ」。どうやるのか、何をやるのか、ではなく、〝なぜ、何のために、それをやるのか〟をきちんと見据える必要がある、という見解です。

ここで、その重要な提言をくれたジャスティンについて紹介します。彼は一橋大学に留学中、ジム・コリンズ氏の著書『ビジョナリー・カンパニー』に出会い、企業理念について長年研究しているコンサルタントです。今は、パーパス・コンサルタントを肩書きとし、大のパーパス・ギークであります。以前、日本に住んでいましたが、今では、ロサンゼルスに住みながら、リモートですべての仕事を進めてくれています。日本の業務終了直前に発生した課題も、これから一日が始まるロスとの時差のおかげで、日本時間の次の日の朝にはジャスティンによって解決され出来上がっている！といった感じで国際的リモートワークの恩恵を受けながら業務は進みます。パンデミック発生以前は、度々日本に出張に来ては、ワークショップなどを率いてもらっていましたが、コロナ禍では、それもリモートで行っています。

さて話はパーパス・ブランディングに取り組むようになったきっかけに戻ります。

ジャスティンによる問いから、私たちのパーパスに関する研究と実践が始まりました。

海外の主要な企業は2008年に起きたリーマン・ショックを経て、株主至上主義や経済最優先の考え方から脱却し、パーパス、つまり自分たちがなぜ存在しているのかを軸にして、どうすれば世の中に貢献できるのかを重視するブランディングに舵を切り直していることがわかってきました。一方、日本の企業の多くは、高度経済成長期の成功体験が染みついてしまっているのか、とかく目先の数字にとらわれてしまう。自分たちの本来の在り方を見失っているように感じられました。

企業だけではありません。そこに属する人も同様です。例えば自動車メーカーに勤めていれば、自動車メーカーの従業員として自動車を作っていることは当然わかっている。どうやって作っているかも把握している。でも、なぜ自動車を作っているのか。その自動車はどのように社会に役立つのかについては意外と理解していない。本質的なことに考えが及んでいないのです。

このような経緯で、２０１０年頃から、私たちはクライアントワークにパーパス・ブランディングを取り入れるようになりました。

最初のうちは「パーパス」という概念そのものが日本でなかなか広まらず、不安を覚えたこともありましたが、ＣＯＯの青山永が「パーパスが広がらなければ、日本はこのままダメになってしまう。パーパスで変わらなければ、日本は変われない」と言ってくれたこともあって、辛抱強く取り組み続けました。

こうして、パーパス・ブランディングを始めて早10年以上が経ちました。ここ数年は日本でもパーパスという概念が大きく広まり、多くの企業からご相談をいただくようになりました。

会社を設立した当初は、ひとりで始めたこともあり、特に企業理念は策定せず、自分の頭の中にある思いや行動指針をたまに思い返すくらいでした。パーパスを考えたのは、スタッフの人数も増え、組織として成立するようになったからです。私が関与しない業務が増え、何より、クライアントのパーパス・ブランディングに携わるならば、まずは自分たちのパーパスを明確にしなければならないと思いました。そのため、「何のために、エスエムオーは存在するのか」を見つけ出し、パーパスを策定することにしました。そうしてできた私たちの理念がこちら（P51）です。

通常はワークショップを行いますが、このときは私がエスエムオーの存在理由となるキーワードを見つけ出し、みんなの意見を聞いてまとめ上げていくプロセスを取りました。パーパスは、作るというよりは、自分たちの中にあるものを探し出す行為です。過去に書いたもの（企画書などオフィシャルなものはもちろん、日記やメモ書きのようなプライベートなものまで）やインタビューしてもらった記事を読み返し、創業者である自分自身の情熱を探りました。

次に、自社と競合との比較などマーケティングリサーチから強みを導きました。その中で特に重要視したのは、クライアントがエスエムオーを選んだ理由です。それを探る中で、自分たちでは強みと思わなかったことが、実は選ばれる理由だった、とわかったこともありました。

そして、ニーズです。ニーズには顕在化しているものと潜在化しているものがあります。潜在化しているものについては、一橋大学・鷲田祐一教授の教えを受けた未来洞察の手法（P55

エスエムオーが策定した自社のパーパス

PURPOSE：組織はなぜ、何のために存在するのか？

Create great brands for the generations to come.
本物を未来に伝えていく。

MISSION：パーパスとビジョンを実現するために「果たすべきこと」

Push our clients to do things in different ways.
卓越したブランドを作るため、
革新的なやり方でクライアントの価値向上を実現する。

VALUES：大切にしている「価値観や信条」

1. Be Creative
クリエイティブ

2. Be Collaborative
コラボレイティブ

3. Be Resilient
レジリエント

のコラム参照）を使って見出しました。未来洞察とは、創造性を軸とした経営戦略やマーケティングで活用されている手法です。イノベーションを目標として掲げ、現在から未来に向けて、何らかの不確実性を超えた先にあるだろう可能性を設定し、理解しておくことです。現在と未来の重なるところにあったのが「本物を未来に伝える」というフレーズです。それがパーパスになると思いました。メンバーそれぞれに聞くと「ものすごくいい」という反応よりは、「エスエムオーらしくていい」という意見が多かったです。今となってはことあるごとに「本物を未来に伝える」と言葉にして、それを実現すべく、各メンバーが日々クライアントをより「本物」にしていくための努力をしています。

パーパスを実現するためのミッションは、エスエムオーのメンバーとディスカッションして導き出しました。パーパスが決定していたので、ミッション＝やるべきことはすんなり導き出せました。このディスカッションには「どんなクライアントと仕事がしたいか？」「どんな仕事のやり方をしたいか？」という問いが有効で、かつ、繰り返し行いました。

バリューズについては、私たちが大切にしている言葉を書き出していきました。これは、みんなでランチや雑談をしながら決めました。バリューズで採用した「Be Creative」「Be Collaborative」「Be Resilient」の他には、Challenger, Take Action, Art and Scienceといったワードが挙がりました。

気づかれた方もいるかと思いますが、エスエムオーにはビジョンがありません。それは、パーパス（本物を未来に伝える）の中にビジョン的な意味合いが含まれていることと、私たちはクライアントのサポートをしているので、クライアントの実現したい未来がエスエムオーのビジョンであると考えているからです。

第1章 ポイント

・パーパスとは、組織の存在理由を、わかりやすく言葉にしたもの
・未来を支えるミレニアル世代から支持されるために、組織にはパーパスが必要
・パーパスが未来形のミッションやビジョンと異なる点は、「今」この瞬間の存在理由を訴えている現在形であるところ。また、定義がはっきりしていて、万人にわかりやすい
・日本の企業がパーパスを持たない限り、強いブランドは作れない。日本は変われない

パーパスのことを初めて聞いた方には、「ミッション・ビジョン・バリューズと何が違うのか」、「そもそもビジネスに対する効果はあるのか」、「広告用の表層的な言葉にすぎないのではないか」など、たくさんの問いや疑問が生まれたかもしれません。正直、私も最初はそうでした。この章では、なぜ、今この時代にパーパスが必要とされているのか、そして他の理念と比較した上でパーパスがより受け入れられる理由をご紹介しました。自分自身の「存在理由」とは何か。是非、ご自身に対して問いかけてみてください。

コラム 1

一橋大学 鷲田祐一教授に聞く〝未来洞察〟その活用方法

鷲田祐一（わしだ・ゆういち）
一橋大学 大学院経営管理研究科教授兼学長補佐

専門は、マーケティング、イノベーション研究。１９９１年一橋大学商学部を卒業。（株）博報堂に入社し、マーケティング局に所属。生活研究所、イノベーション・ラボで消費者研究、技術普及研究に従事。２００３年にマサチューセッツ工科大学に研究留学。２００８年東京大学大学院総合文化研究科博士後期課程を修了（学術博士）。２０１１年一橋大学大学院商学研究科准教授。２０１８年より現職。

リーダーには想定外の未来を読む力が求められる

未来洞察とは何か。気になった方もいるかもしれません。未来洞察とは、技術開発、企業経営、行政施策などに関する、10～20年ほどの「中距離」な未来について、「多様な未来シナリオ」を構築し、戦略的な意思決定に資するためのものです。もともとは、スタンフォード大学が開設した「スタンフォード・リサーチ・インスティテュート」によって1960年代の終わり頃に開発された手法です。

パーパスを探るときに、世の中のニーズを把握するフェーズがあります。顕在化しているニーズもあれば、潜在化しているニーズもあります。特に潜在化しているニーズについて、我々は未来洞察を使って探っていきます。

これまで未来を考えるには、技術を中心に現在の延長線上にある未来を予測することが中心でした。しかし、予想もしていなかったことが数多く起こっている現在を見ると、未来を考えるときにも、現在の延長線上ではなく、ジャンプした「未来洞察」にますます注目が集まっているのも当然と言えます。一橋大学で未来洞察について研究されている鷲田祐一先生に、リーダーに必要な未来を読む力について、お聞きしました。

未来洞察とは

齊藤：絶え間なく変化する世の中に対し、特にリーダーには時代を読む力、未来を捉える力が必要になってきています。まさに鷲田先生は〈未来洞察〉を研究されていますよね。そもそも先生は何をきっかけにこの研究を始められたのでしょうか？

鷲田：以前、私は博報堂のコンサルティング局に在籍し、ＮＴＴドコモのマーケティングプランナーを務めていました。ある時、いつものようにクライアントを訪ね、業界や市場のトレンドを報告すると、「最新動向については我々のほうが熟知しているから、その先に起こることを教えてほしい」と言われたんです。当時、通信業界では第3世代移動通信システム（3G）の展開が始まろうとしていましたが、どのように商用化していくべきか、誰も理解していなかった。そこで、何か糧になるものはないかと探したところ、アメリカで実践されていた〝スキャニング〟（現在の〝ホライゾン・スキャニング〟）という手法に行き当たったのです。それが1999年のことでした。

齊藤：現在の延長線上にある未来予測とは異なる、想像もしなかった未来を洞察することが目的ですよね。

鷲田：技術革新に伴い、未来に向けて社会がどのように変化しうるのかを様々な仮定や幅広い視点から洞察し、多様なシナリオを立案するというものです。例えば「遺伝子組み換え作物」は世界で物議を醸していますが、これは技術革新ばかりに気を取られて、社会がいかに受け取るかを勘案できていなかった結果と言えるでしょう。こうした想定外の事態に備えるために〈未来洞察〉は有効であると私は考えています。

齊藤：昨今、想定外のことを知りたいという需要が増えているように思います。

鷲田：同感ですね。これまでの技術の進歩は10年スパンで語られることが多かったのに対して、AIなどは、その半分の期間を基準にしなくてはならないほど、別次元の発展を遂げつつある。技術の進歩が飛躍的に速まっているにもかかわらず、従来のスタンスを貫くならば、確実に時流に乗り遅れるでしょう。それから、世界経済の変容も深刻です。今や、世界経済のバランスは、先進国からアジアの新興国にシフトしている。中国やインドなどでは、自分たちの暮らしをより良くしたいという強烈なニーズが存在していますが、一方、日本の消費者は、その飽和した市場の中ですでに一定の満足感を得てしまっていますね。

齊藤：日本人はある一定の満足感がありつつも先進国は経済成長が停滞し、先行き不透明な状況に陥っている。

鷲田：ええ。もう一つ、日本に関して少子高齢化が影を落としています。かつてのように多くの若者が高齢者を支えるという前提で設計された制度はもはや破綻をきたし、根本的な見直しを余儀なくされていますが、手本になる国が見当たらない。それゆえに、行政も、民間も、知りたい、考えたいという欲求が高まっているのでしょう。

未来をどう読み、どう活用するか

齊藤：リーダーや経営者の方々にお話を伺うにつけ、〝統率力〟と〝時代を読む力〟が必要だと実感するのですが、〝時代を読む力〟はどうすれば身につけられるでしょうか。
鷲田：とにもかくにも当事者意識を持ち、考えることです。多くの経営者層はサラリーマン文化の中で生きてきたので、受け身の姿勢が染みついてしまっています。それが顕著なのが団塊の世代です。のらりくらりとやっていればなんとか乗り切れるという甘えがあるように思えます。私は一橋大学の大学院で教鞭を執る中で、〈未来洞察〉の手法に手ごたえを感じてきました。つい最近も、学生がこれを使って書いたシナリオを見直していたのですが、2012年の段階ですでに「グローバリズムが進みすぎて、ナショナリズムが強くなる」という推察を導き出していたんです。
齊藤：リアルなシナリオです。ところで、この〈未来洞察〉を経営にどう活用すればよいでしょう。
鷲田：例えば、新規事業部を立ち上げたものの、具体的に何をすればいいかわからないというとき。普通は技術を持ってきてどうこうとなりますが、先ほども申し上げたように、昨今、技術は目覚ましく進歩していますし、社会の変化をしっかり見極められなければ、新たな開発が徒労に終わりかねません。その予防線を張るのに効果的だと言えるでしょう。また、組織を細分化することで、似たような作業を行う部署がいくつも存在してしまうことがままありますが、そこでも〈未来洞察〉は重宝するはずです。

齊藤：具体的にはどのように?

鷲田：そういう状況下では時として意見の食い違いが発生し、経営に混乱が生じかねませんが、それを避けるために、経営者の直下にシンクタンク的な部署を作り、そこで〈未来洞察〉の手法を活用して統一的な〝未来年表〟を作るんです。その仮定に基づいて、技術も人も資金も動かしていくのです。現在の延長線上で未来を考えても、新たなビジネス機会は生まれません。自分たちが〝知らないことにすら気づいていない〟領域にまで発想を広げ、適切なチームで設計することで、継続的なイノベーションは可能になります。未来の不確実性を積極的に事業に織り込み、チャンスに転換していくことが、これからの時代においては重要ですね。

齊藤：先生はトレンドになるだいぶ前から「イノベーションにはデザインが不可欠」「デザイン経営」ということもおっしゃっていました。

鷲田：そうですね。デザインもそうですが、今はリーダー・経営者にとって、〝アート経営〟が重要かと思っています。といっても美術館に行け、というものではなく〝問題・課題を発見する力〟が重要という意味です。これまでは、課題を解決することに注力していましたが、今、そして、これからは問題・課題を発見（≒クリエイト）することが、経営者の仕事になります。そのためにも、〈未来洞察〉が必要と考えています。

2

パーパスがもたらす効果

株主至上主義から、人、社会を重視した方針へ

アメリカから始まったパーパス・ムーブメント

パーパスを重視する流れは一体、どこから始まったのでしょうか。20世紀後半のビジネス環境は、先行きはある程度の予測がつくという暗黙の前提のもと、変化を意図しない静的な中長期の戦略をトップダウン型で進めていくことが可能でした。しかし21世紀に入り、変化のスピードがこれまでより加速し、不確実かつ曖昧で、価値観が複雑化しています。そうなると、一方的なトップダウン型マネジメントは通用せず、個々を尊重しながら共感を集めて組織を率いる必要性が出てきたのです。

そうした状況で頭角を現している21世紀型組織は、明快なパーパスを中心に据え、それに基づいた崇高な理想やビジョンを積極的に発信し、共感した外部から資金やリソースを集めて価値創造環境をつくり出すのが特徴です。つまり、パーパスに共感した者同士が社内外で「共創」

し、戦略を「創発」していくのです。

日本でもパーパスに注目が集まった、大きな出来事がありました。

2019年、日本の経団連にあたるアメリカの主要企業のCEOが集まる大手経済団体「ビジネス・ラウンドテーブル」が、「企業のパーパス」について新たな方針を発表しました。これまで20年以上にわたって掲げてきた「株主至上主義」を見直し、顧客・従業員・サプライヤー・地域社会・株主などのすべてのステークホルダーを重視する、「人・社会を重視した方針」に転換することを表明しました。アマゾンやアップル、ジョンソン・エンド・ジョンソンなど米国大手企業181社ものCEOが署名をし「時代に合わせ、長期的視点に立った方針に変更した」との見解を示しています。

これら一連の出来事は、働き手、消費者、株主、経営者といったビジネスにおけるすべてのステークホルダーがパーパスを大切にしていくきっかけになりました。この10年で、日本の企業も含め、世界中の多くのグローバル企業がパーパスを策定し、パーパス主導の経営に舵を切っています。

パーパス・ムーブメントを背景に、ビジネスのやり方・仕組みは変化し、2020年代に入った今、資本主義はすでに新しい局面を迎えています。株主のみの利得から脱却し、長期的な視点を持ちながら、志の高いパーパスに突き動かされ、社会と世界を良くすることにつながる経営をする。そんな組織こそが、真なる企業の姿であり、パーパスがない組織は、もはや現代社会の生存競争に参加できない状況とも言えるでしょう。

そもそも、パーパスがビジネスやマーケティングにおいて注目されるようになったのは、2008年頃からです。P&G元CMO ジム・ステンゲル氏が、パーパスの重要性について語ったところから始まりました。同年に起こったリーマン・ショックで、世間には危機感と不安感が募っている状況でした。この頃、働き手として社会に出始めていたミレニアル世代は「自分はなぜこの仕事に就くのか」を重視して社会の役に立つ仕事を選ぶ傾向があり、企業にパーパスがあることが重要条件になっていきました。さらにＳＤＧｓが国連総会で採択されたのもムーブメントの後押しとなりました。

その後、２０１３年には、マーケティング学の巨匠フィリップ・コトラー博士が、マーケティングの４Ｐ（Product／製品、Price／価格、Place／流通、Promotion／販売促進）にパーパス（Purpose／存在理由）を加えて5Ｐにすると発表しました。そして、２０１８年には、世界最大の資産管理会社ブラックロックのＣＥＯ ラリー・フィンク氏が、世界中の経営者に向けて送る年次書簡の中で、「企業はパーパス主導でなければ長期的な成長を持続できない」と発信し、ビジネス界に大きな衝撃を与えました。２０１９年と２０２０年の年次書簡も引き続きパーパスについて書いています。

２０１９年夏に世界を震撼させたのが、前述の、アメリカの「ビジネス・ラウンドテーブル」の発表でした。それまでの株主至上主義を一転させて、株主のみならず、関わるすべての人や組織、つまり、従業員・顧客から、地域・社会までを重視する、いわゆる「ステークホルダー主義」へ方向転換するものだったからです。

日本でも、2019年初めにソニーがパーパスを策定しました。前年に社長に就任した吉田憲一郎氏は、パーパス策定の経緯について「社長に就任してからの1年を振り返り、最も重要だったのは、Purpose（存在意義）の定義。この会社を長期的に持続可能にする存在意義とは何かを明確に定義し、共有したいと思っている」と発言しました。

なぜ、今の時代にパーパスが合っているのでしょうか？

企業は単に株主のためにあるという考えから、それだけでなく地域社会や世界のためにあるという考えに変わってきました。自社だけが儲かれば良い、という考えはもう通用しません。パーパスは、なぜそれをやっているのか、何のためにやるのか、という明確かつシンプルな本質を突き詰めたものです。これは、企業の社会的意義の回答に他なりません。そして、第1章でお伝えした通り、ビジョンが未来形である一方、パーパスは、今この瞬間の存在理由について強く訴えます。この現在形の感覚が不確実な今にフィットしているのです。

世界のパーパス企業の動き　ウーバーとエアビーアンドビー

２００８年、あるテクノロジーの会議に参加するためパリに滞在していたトラヴィス・カラニック氏とギャレット・キャンプ氏はタクシーを捕まえるのに苦労した経験から、リムジンを呼ぶアプリを考案しました。これがライド・シェア配車アプリ「ウーバー」の始まりです。

ウーバーはスマートフォン普及の波に乗って勢いを増し、ビジネスは拡大。しかし、#MeToo のムーブメントがピークの２０１７年、ウーバーの元女性社員が、パワハラとセクハラが多発する同社の文化を告発します。それから数ヶ月のうちに、ウーバーの企業文化についてのネガティブな情報が次々と出回り、自社サービスを使うＣＥＯとドライバーとの口論ビデオまでもがＳＮＳ内で拡散して炎上。この一連の動きで #DeleteUber 運動が起こり、ユーザー離れが深刻化。その夏にはＣＥＯが辞任、経営陣の交代に至ります。

一方、ウーバーが生まれる1年前、サンフランシスコに住む20代のジョー・ゲビア氏とブライアン・チェスキー氏は市内で毎年開催される大規模なデザインイベントのたびに、付近の宿泊施設の供給が足りなくなることに目をつけました。自分たちのリビングにエアベッドを置き、部屋を貸し出すというアイデアを思いつき、airbedandbreakfast.comという簡易なウェブサイトを立ち上げます。これがエアビーアンドビーの始まりです。

この体験をビジネスとして具体化していくため、彼らはエアビーアンドビーのパーパスを決めました。エアビーアンドビーのパーパスは、"Creating a world where anyone can belong, anywhere"（誰もが、どこでも「ビロンギング（居場所）」がある世界をつくる）。

ユーザーに対しても、従業員に対しても、パーパスに忠実に活動し、ホスト、ゲスト、そして社員のためのイベントも毎年開催しています。関わるすべてのステークホルダーと共にエアビーアンドビーは約400万人のホストにより約8億回もの滞在実践を誇るまでに成長し、現在は現地に暮らす人が企画したグルメツアーやクッキングクラスといった、アクティビティーをゲストが体験できるサービスなど、宿泊以外の価値も提供しています。「誰もが、どこでも『ビロンギング（居場所）』がある世界をつくる」というパーパス、それは、お互いを理解しあえる居場所を提供することであり、その居場所を増やして世界中をつなげること。つまり、ホストはコミュニティ「ならでは」の体験を提供することで、その土地と世界を「つなぐ」ことができる。それゆえに、ホスト「ならでは」の場所・活動へのアクセス、つながりを提供しているかどうかに関して、厳しい審査もあります。

こうして順調に拡大を続けてきたエアビーアンドビーも、COVID-19感染拡大時には暗雲が立ち込めました。2020年5月、世界的なパンデミックの最中、エアビーアンドビーのCEOブライアン・チェスキー氏は、社員約7500人の4分の1となる、1900人を解雇しなければならないと発表しました。人員削減を行い、主要事業の転換を図っていくことを説明した社内外向けレターには、このような意思決定をするに至ったプロセスの詳細と、エアビーアンドビーのパーパスに則って退職者への補償や再就職支援などをしていく旨が詳しく書かれていました。その内容は解雇という通知ながらも、非常に人情的かつ透明性があり、改めて、そのリーダーシップ力を見せつける形となりました。それからまもなくして、6月には、予約総数が2018年初めのレベルにまで回復、その後2020年12月にはナスダックへの上場を果たし、初値は公開額の2倍を越えました。

ウーバーとエアビーアンドビーは共に、シェアリング・エコノミーの象徴といえるでしょう。同じようなビジネスモデルを持ち、同じようなシェア系のベンチャー企業特有の課題を抱えた両社ですが、ウーバーはスキャンダルが続き、結果的に経営陣の交代を招くことにつながり、一方でエアビーアンドビーは着実に支持者を増やし、自社ブランドを成長させることができました。

両社の運命は何によって分かれたのか。それは、パーパスの顕在化が大きな要因であったと考えます。

ウーバーは一つのアイデアのみで成長しましたが、エアビーアンドビーはアイデアに加え、明確なパーパスが中心に据えられています。つまり、エアビーアンドビーは明確なパーパスによって、成長期はもちろんのこと、危機的状況下においても、健全な企業文化を形成させ、組織の迷走を防ぎ、関わる人々を団結させることができたのです。この2つの会社の話から、組織が新たなことを成し遂げ、さらにその勢いを持続させるためにパーパスがいかに重要かを学ぶことができるでしょう。

マーク・ザッカーバーグ氏は、前述のハーバードのスピーチでフェイスブックがまだ成長途中であった時期における大企業からの買収オファーを振り返り、パーパスの考え方に基づくような発言をしています。

「自分以外はほぼ全員が買収賛成派だったよ。志の高いパーパスもない小さなベンチャー企業にとっては、夢の実現に思えたからね。この件で社内は分裂し、激しい議論の末、私の顧問でさえ、私が買収にイエスと言わなかったら一生後悔するとまで言ったんだ。そうして、自分以外の経営陣は一年以内に全員去って行ってしまったんだ」

パーパスは組織に方向感覚を与えるものです。明確なパーパスを持ち、そのパーパスにコミットすることは、組織が針路からそれてしまう可能性を抑え、長期的に成功していく可能性を高めるといえます。例えるなら、パーパスは北極星であり、組織内の人々が常々それを目指すことで、それることなく目的地に到達することができるのです。

第2章 ポイント

・2008年のP&G元CEOジム・ステンゲル氏の演説をきっかけに始まった、アメリカ発のパーパス・ムーブメントは、今や世界中に広がりつつある
・企業は株主のためにある、という考えから、地域社会や世界のためでもあるという考えに変わってきた今の時代の風潮に、パーパスがフィットする
・ウーバーとエアビーアンドビーは同じようなシェアリングビジネスのベンチャーだったが、パーパスの有無で明暗を分けた

2008年ごろから始まったアメリカでのパーパスのムーブメントは、今や世界中に広がりつつあります。株主至上主義であったアメリカ企業が、人・社会を重視する方針に大きく方向転換したように、現代の組織は人と社会を中心とした経営のやり方にシフトしていかなければなりません。エアビーアンドビーとウーバーの経営の明暗を分けたように、パーパスの存在を無視しては、今後の生存競争には残れないと言えるでしょう。第2章では、パーパスがもたらす効果についてパーパス先駆者であるアメリカ企業の事

例を用いて、解説しました。

3

パーパス・ブランディングの全貌

2020年代、パーパスは経営における最大のテーマ

本章では、エスエムオーが考えるパーパス・ブランディングについて紹介します。

ブランディングとは、人に働きかけてブランドの本質的な価値を高めることであり、最終的には企業の価値を高めることに繋がります。軸のしっかりとしたブレない活動を行っていくには、明確な判断基準が必要です。日本人特有の「今までこうしてきたから」とか「言わなくてもわかるのでは?」というように、慣習や暗黙のルールを基に、なんとなく方向性を決めるようでは、真のブランディングはできません。そこで、ビジネスを行う上でのすべての行動の指針となるのが、社会における企業の存在理由を表したパーパスです。未来を見据えて目標やゴールを考えることはとても大切なことですが、「世の中は不確実である」という前提に立つと、〝今の社会〟にフォーカスしたパーパスを持つことはとても重要なのです。

パーパス・ブランディングの全体像

いま、働き手、消費者、株主、経営者といった、ビジネスにおけるすべてのステークホルダーが、パーパスを大切にしていく姿勢へと変化しつつあります。この10年で、日本を含む世界中の多くのグローバル企業がパーパスを策定し、パーパスを中心に据えて経営を行う方向に舵を切っています。

日本のグローバル企業の最近の例では、すでに前章で挙げたように2019年1月にソニーが、2020年5月には富士通が、それぞれ会社の新理念となるパーパスを発表しました。

パーパスは、掲げるだけでは意味がありません。どのように経営に活かし、ブランディングにつなげていくのかがとても重要です。

エスエムオーが考えるブランディングは、表層的なものではなく、経営における本質的な取り組みです。ブランド価値を高めることは、すなわち企業の価値を高めること。パーパス・ブランディングは、企業全体を取り巻く、広く深い概念なのです。つまり、経営活動とブランディングは、ほぼ同義であると言えます。

そもそも、経営活動とは、何なのでしょうか。それは、企業が行っている活動の総称です。経営層の活動のみならず、商品開発、製造、マーケティング、販売など、すべての活動が含まれます。その全活動に関して、組織内のすべての人がブランドの理念(組織としてのブランド)に則った行動をしていくことがパーパス・ブランディングです。

図2は、私たちが提供しているパーパス・ブランディングの全体像です。

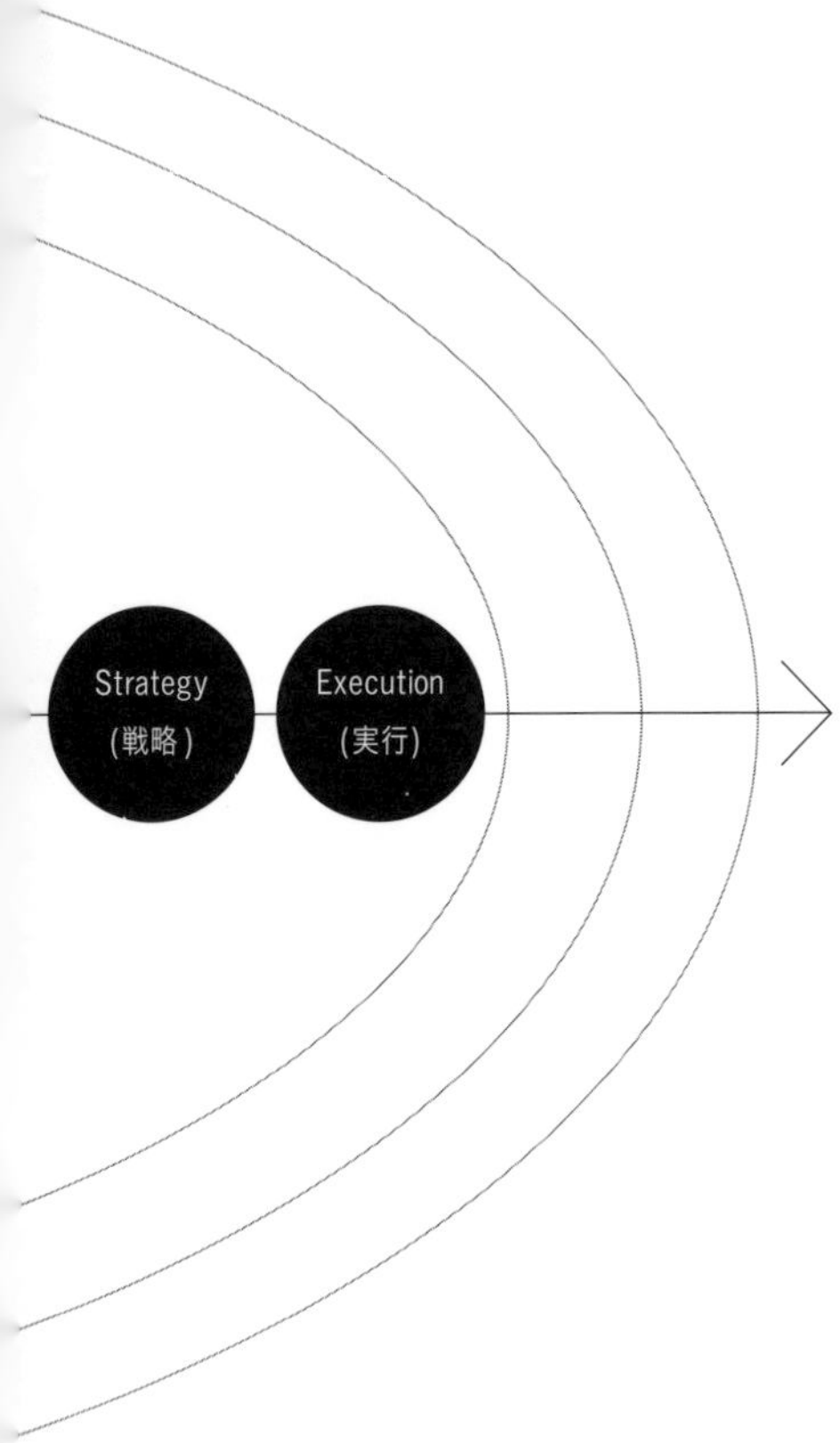

図2

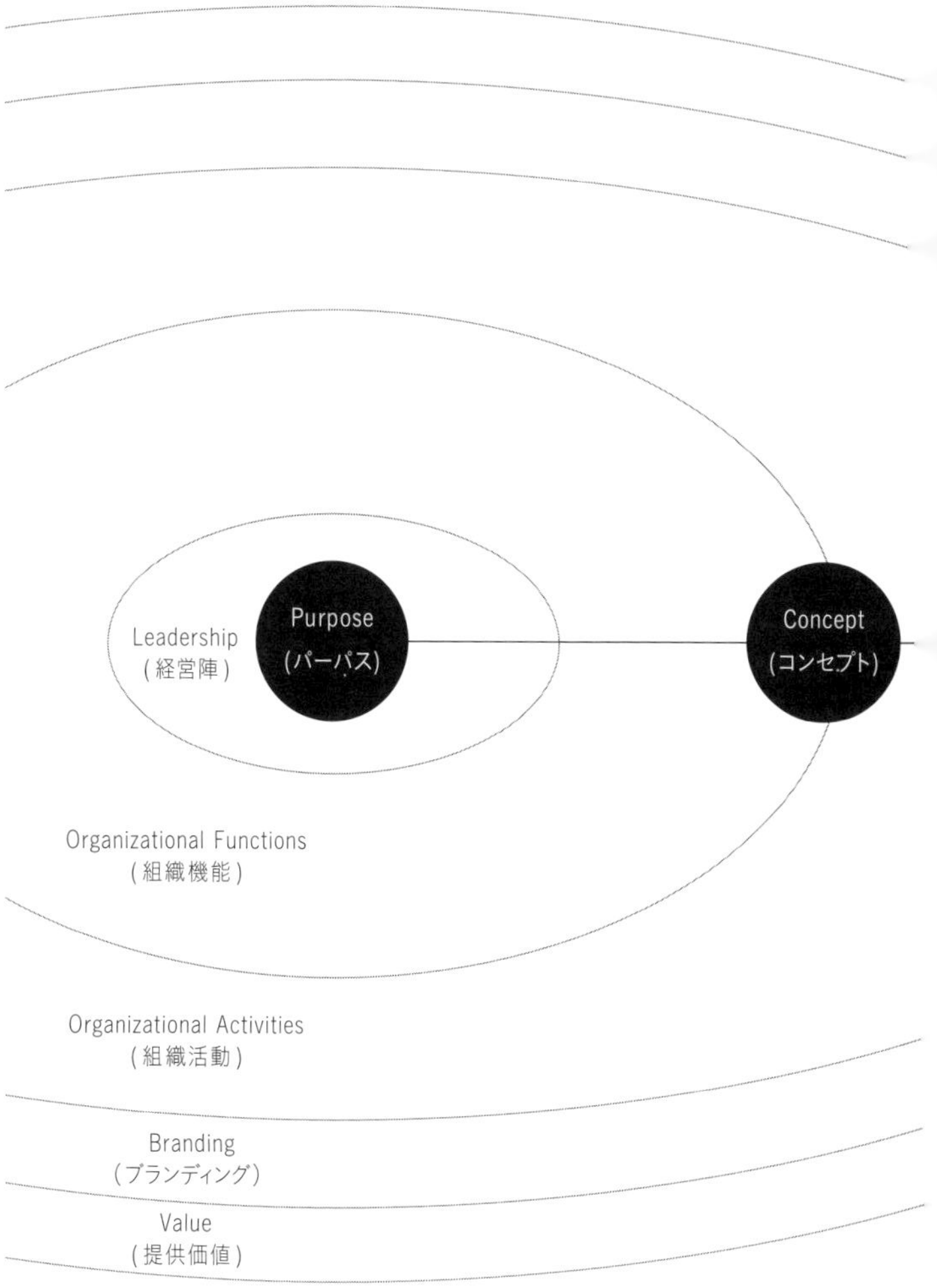
Leadership
(経営陣)
Purpose
(パーパス)
Concept
(コンセプト)
Organizational Functions
(組織機能)
Organizational Activities
(組織活動)
Branding
(ブランディング)
Value
(提供価値)

経営活動の最終的な成果は、プロダクトやサービスという形で、あらゆるステークホルダーと接点を持つ何らかの提供価値（Value）です。従って、図2において提供価値は、外界と接する最も外側に位置しています。その価値を創出するための、取り組みすべてをブランディング（Branding）と位置づけています。それは、企業全体を覆うものであり、提供価値の一つ内側に位置しています。それら一連の取り組みを「実行（Execution）」するために、企業は組織活動（Organizational Activities）を行うのですが、それを遂行するためには「戦略（Strategy）」が必要となります。この戦略は、実行可能で極めて現実的である必要があり、また一方で、いくつもの選択肢が生じるものでもあります。

戦略策定の前提として、人々を惹きつける魅力と大きな方向性の導きを兼ね備えた「コンセプト：事業の中核概念（Concept）」が必要になります。これを決定づけるのは、組織機能（Organizational Functions）と、図2の核心に近い部分に位置する経営陣（Leadership）です。

新しい商品やサービスが出てきては、すぐにそれが模倣され同じようなものが溢れてしまう世の中です。企業がその優位性を保つためには、当然のことながら容易に模倣されないことが重要となります。しかし、現在のビジネス環境においては、差別化を意図して打ち立てたコンセプトや戦略も、効果は持続しにくいのが実情です。

そこで、一見実現不可能とも思えるような大胆で挑戦的なコンセプトを掲げてイノベーションを誘発するか、あるいは類似性が高い戦略であっても、複雑で強靭なオペレーションを構築し、確実に実行することが、差別化のカギとなります。

その2つを成し得るために必要なのがパーパスです。イノベーションも、複雑で強靭なオペレーションの実行も、それに関わる人々が直面している難題の背景に「なぜそれをやるのか」を見出すことができなければ、努力を続けることができないのです。

言い換えれば、組織は、自分たちがなぜ存在しているのか、なぜそれを行うのかというシンプルかつ本質的な問いにしっかり向き合い、その答えとなる崇高な大義を明確にし、それを共有することが必要になります。この一連の流れを実現できた組織こそが、社内外の優れたリソースを結集させ、共感を呼び起こし、結果として最大限のパフォーマンスを実現させるのです。

インターナル・ブランディングとエクスターナル・ブランディングの定義

ここで、具体例をご紹介します。

アメリカの低価格航空会社のサウスウエスト航空は、ビジネス書でも多く取り上げられる優良企業です。60年代後半の創業以来、少なくともCOVID‐19発生までは、黒字経営を続け、パンデミック後は、落ち込みは避けられなかったものの、アナリストが予想していた悪化よりも良い決算結果を発表しました。それは、飛行機のターンの短縮化（15分）、乗り継ぎを前提としないスケジュール、乗り継ぎ荷物を受託しない、現場での自由裁量権、機材の全統一化といった、非常に優れた数々の戦略を実行している結果です。戦略のもとになっているものは、「cheap・simple・fun」の3つのコンセプトであり、「give people the freedom to fly（人々に、飛ぶ自由を）」という創業当時のパーパスでした。その頃、まだ飛行機での旅が珍しかった時代に、それまで飛行機を利用していた客層よりターゲットを広げ、低価格な飛行機旅を実現。以来、より多くの人の空の移動を可能にしているのです。

他社もその戦略を真似すれば、同じように成功できるのではないかと思うでしょう。しかし、いくつもの戦略が複雑に絡み合っていること、そして何よりも、働く人々が自社のパーパスとコンセプトの体現に対して意識が高く、チームワークや就業意識に優れていることなどから、他社が模倣することは非常に困難だったのです。

パーパスを中心に据えて経営活動を行うことは、あらゆるステークホルダーに影響を及ぼします。つまり、パーパス・ブランディングは、インターナル・ブランディングとエクスターナル・ブランディングを内包するものと言えます（P90図3）。

ここでそれぞれの定義を説明します。インターナル・ブランディングは、インナーブランディングとも呼ばれ、自社の理念や提供価値等を社員（や内部の人間）に共有・浸透させる内部活動のことです。一方、エクスターナル・ブランディングは、企業・製品・サービスの浸透のために行われる、消費者やユーザーを対象とした広告、PR・広報活動などを指します。

一般的に、ブランディングは、インターナル・ブランディングとエクスターナル・ブランディングの二つに分けて考えられています。インターナル・ブランディングは、事業活動とは距離が置かれ、コーポレート・ブランディングという枠組みの中で、従業員の意識改革やモチベーション向上を目的として、主に経営企画や人事の領域で行われています。エクスターナル・ブランディングは、いわゆるブランディング。消費者に対してブランド価値を発信するという枠組みの中で、主に事業部やマーケティングの領域で、広告宣伝として行われています。

しかし私たちの考えるパーパス・ブランディングにおいて、インターナルとエクスターナルは、施策群を分けるときのカテゴリーにすぎません。そもそも、一般的に言われるインターナル・ブランディングは、人の認知をシフトさせ、行動を変えるという手法論に近いところがあります。具体的には、組織やブランドの経営層が「企業活動において拠り所になるものだから、これに則って行動してほしい」と社員をコントロールしようとする、言わばマネジメント寄りで支配的なものでした。

しかし、パーパス・ブランディングは、働く人々がパーパスを「自分のもの」ととらえ、自らの仕事でパーパスに基づいて判断し、行動する、そんな軸を基準とした組織になろうとする根本的な取り組みです。企業のパーパスに対して共感している人が集まり、たとえ初めはそうでなかったとしても、次第に皆が共感・理解・納得して、働くことなのです。

パーパス・ブランディングのプロセス「ＩＰＣＳＥ」

■パーパスの発見。自分たちの強みと情熱を探る

では、実際にどのようにパーパス・ブランディングを実行していくのでしょうか。その出発点となるパーパスに沿った事業活動を行うためには、どうすればいいのでしょうか。

エスエムオーではＩＰＣＳＥというモデルを使っています（図４）。この「ＩＰＣＳＥモデル」は、すでにＰ82でお話ししたＰＣＳＥの前に、「Ｉ（Input）」を加えた、パーパス・ブランディングを一貫性のあるものとして提供するためのモデルです。

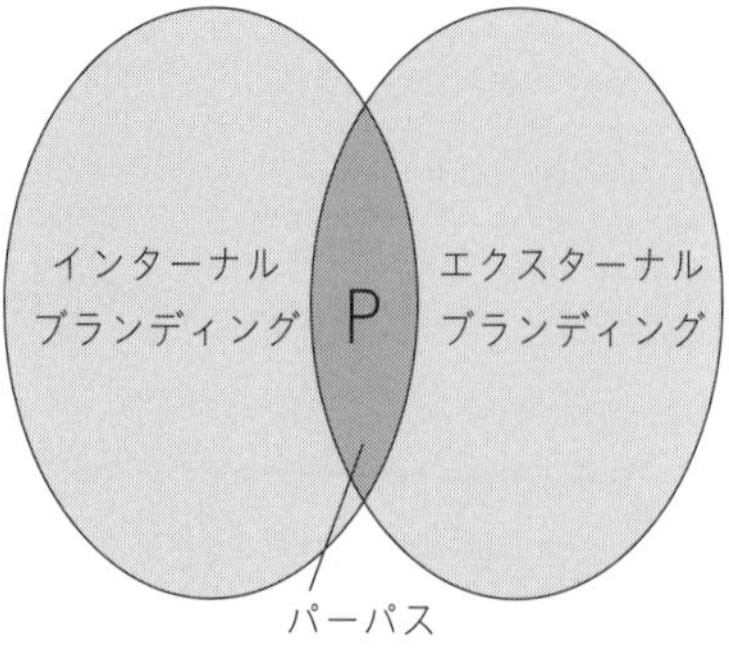

図3 パーパスブランディング

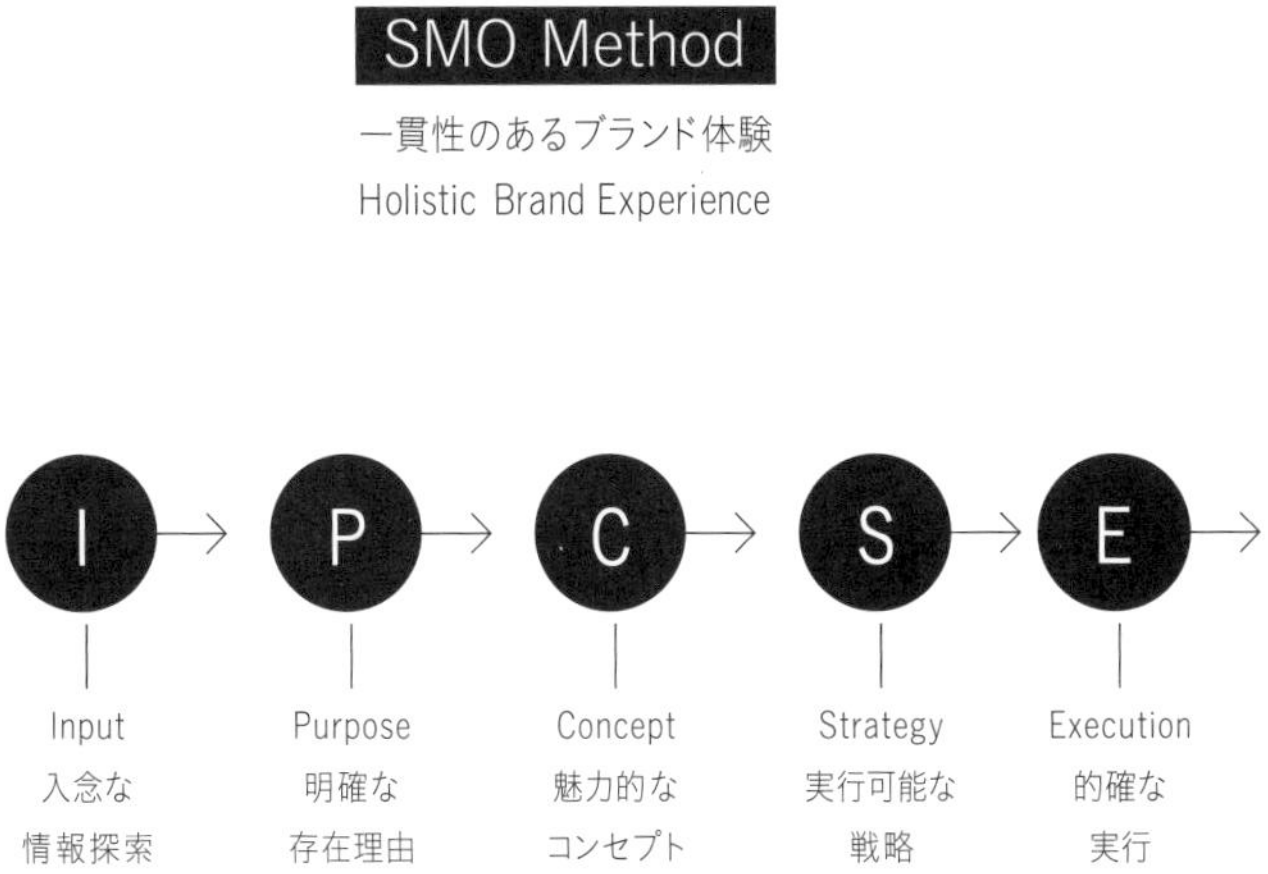
SMO Method
一貫性のあるブランド体験
Holistic Brand Experience
I
P
C
S
E
Input
入念な
情報探索
Purpose
明確な
存在理由
Concept
魅力的な
コンセプト
Strategy
実行可能な
戦略
Execution
的確な
実行

図4

人でも組織でも「何かを実行する」というときには、大抵の場合、〝何か考えて〟から〝行動〟に移すことになります。この〝何か考えて〟というのは、企業の場合「戦略（S）」と呼ばれるものです。戦略には様々なものがあり、全社的な経営戦略や、個別戦略、マーケティング戦略や商品開発戦略、PR戦略などがあります。

戦略を実行可能なものとするためには、すべての戦略を束ねる、より大きな方針や基本的な考え方が必要になります。それが「コンセプト（C）」です。組織やブランドの「概念」を示すものです。

戦略は実現性が問われるのに対し、コンセプトは人を惹きつけ、共感をつくる魅力的なものである必要があります。しかし、それであるが故に、かっこいいとか、流行っているといった理由で決めた安易なコンセプトで、表面を綺麗なもので取り繕うだけで終わりがちです。そのような核心の軸が定まっていないコンセプトは、うまく進んでいないから変えてしまおうとか、競合他社がこうやって対抗してきたからうちはこっちで行こう、という具合に移ろってしまう可能性があります。

コンセプトから戦略、そして実行まで、一貫してブレないようにするために必要なものがあります。それは、〝なぜ○○はあるのか〟〝何のために○○は存在するのか〟といった本質的な問いに対する回答です。つまり、行おうとしていることのパーパスを明確にする必要があるのです。パーパスを明確にするためには、「入念な情報探索（インプット／I）」を行うところから始まります。

では、何をどのようにインプットし、それをどうやってパーパスにするのか。そのプロセスを説明します。

まず、パーパスの構成要素を見てみましょう。パーパスというものは、実にシンプルな図で表すことができます（P94図5）。

図5左側（円形の内側）は自分たちの企業が持っている「強み」と「情熱」です。「強み」とは、ビジネス上の「得意分野」「優位性」に加え、自分たちならではの精神風土から生まれる「気質」

や「行動」の特長などを指します。「情熱」とは、自分たちの企業が「大切にしていること」「こだわり」、そして関係者が「仕事を通じて実現したいと願うこと」など企業と働く人の熱量が向かう先のことです。これに対し、右側（ひし形の内側）は市場、世の中からのニーズです。ニーズには顕在化しているものもあれば、潜在化しているものもあります。この左右の要素の交わるところに、自分たちの存在理由があるのです。この部分を深掘りし、探り当てたものを言語化したものが「パーパス」となります。

エスエムオーでは通常、パーパスの発見と定義をワークショップで行っています。

大きく分けて5つのステップを通じて、パーパスの構成要素（強み、情熱、顧客ニーズ）の観点からパーパスを発見します（P96図6）。

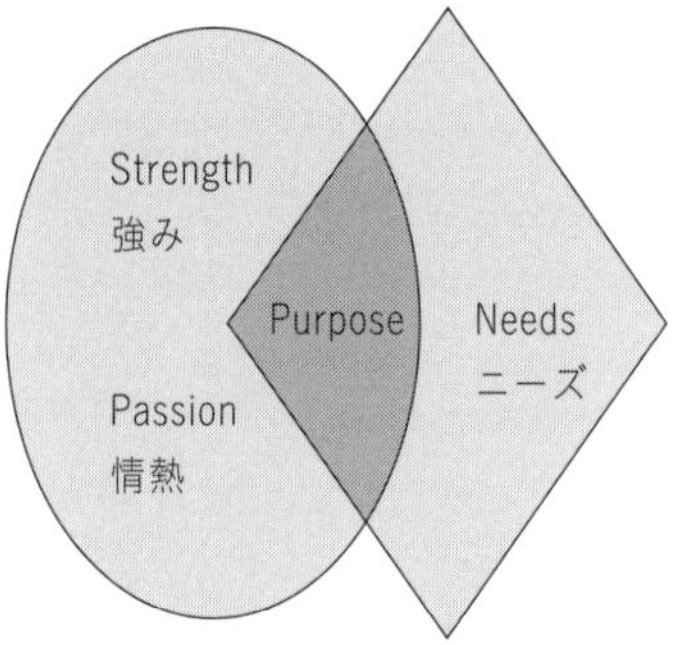

図5

①プロジェクトの趣旨や意義、流れ、またパーパスという概念の重要性の確認。リサーチで集めた情報を整理し、振り返り、重要なポイントを再確認。

②強みの分析。①の内容を踏まえ、自分たちの強みは何か、様々なワークを通して再度分析する。

③情熱分析。自社の歴史やDNAを振り返る。また社内の声を活かして、自分たちは一体何に情熱を燃やしてこの仕事をしているのかを考える。

④ニーズ分析。世の中から求められているニーズは何か、そしてそのニーズに対して自分たちができることは何かを考える。ニーズは短期的／長期的、顕在的／潜在的といった、多角的な視点を通じて深掘りする。

⑤①から④で分析した内容から、重要なエッセンスを絞り、自社の存在理由を考え、わかりやすい言葉で明文化する。

Purpose発見と定義のワーク

Purpose Discovery and Definition Work

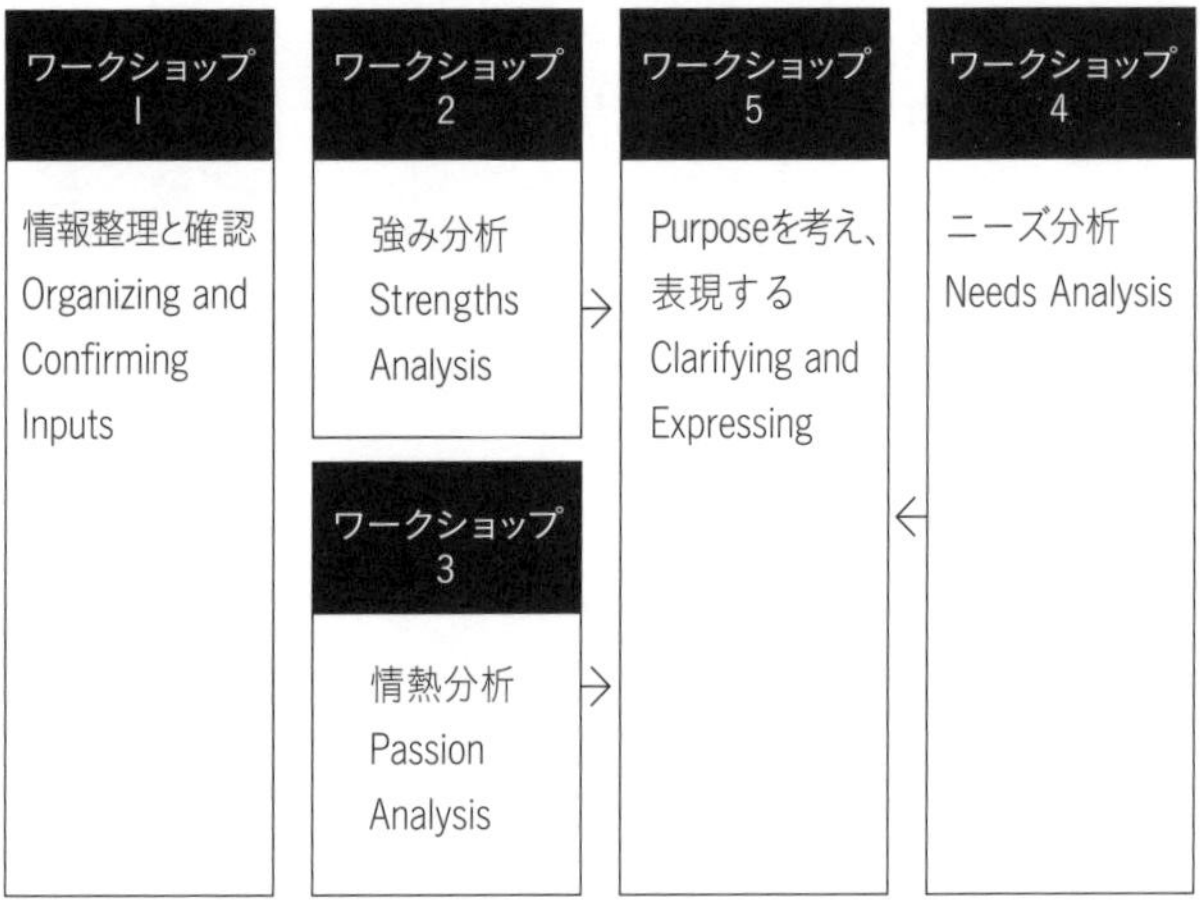

図6

ではここで、ＩＰＣＳＥのモデルを、エスエムオーのケースで説明しましょう。

まず、エスエムオーのパーパス（Ｐ）は、「本物を未来に伝えていく。」です。そこから導いたコンセプト（Ｃ）は、「Building Beautiful Brands（美しいブランドを構築すること）」です。そしてそれを実現するための戦略（Ｓ）はサービスやコミュニケーションなど多岐に分かれますが、メインとなるものは、「アート＆サイエンスの概念を取り入れた他にはないユニークなコンサルティング」という商品戦略です。

エスエムオーのメンバーはもちろんのこと、協業するチームのメンバーも多様性に富むバックグラウンドを持つ人たちを採用しています。成果を出すことを前提に、自由な働き方を実践しています。

具体的には、エスエムオーでは、いつでもどこでも働いて良いことになっています。休みも自由に取れます。少し話はそれますが、経営者としての私の大切な仕事の一つに、多様で優秀なメンバーのみんなが思う存分働ける環境をつくることがあります。彼らは、優秀であるがゆえに、パーパスとゴールの共有をした上で、自由に働けるフィールドさえ整えば最高のパフォーマンスを発揮します。ここから、自由な発想と視点が生まれます。また、調査についても、エスノグラフィーや未来洞察を導入するなど多様な思考も大切にしています。そして、的確な実行（E）として、クライアントが美しいビジネスを構築できるようにパーパス・ムービーを制作したり、研修に落とし込んだりするのです。

他方、コミュニケーション戦略では、イノベーター、※アーリーアダプターをターゲットにパーパス・ブランディングの啓蒙を行っています。そのときの的確な実行（E）は、ウェブサイトでの情報発信、セミナー、ブログ、毎年発行しているタブロイド誌、PRなどです。これまで、クライアントなどすでに付き合いのあるコミュニティに向けてのコミュニケーション戦略が中心でしたが、もっと多くの人に、パーパス・ブランディングを広め世の中にインパクトを与えるために、新たな戦略の的確な実行（E）として、今回この本を出版するに至りました。

エスエムオーによくある相談は、「自分たちのパーパスが何であるかはわかったけれど、簡潔に表現できない」というものです。パーパスは、社内外に広く浸透させなければならないので、シンプルで覚えやすいものでなければなりません。最後の「わかりやすい言葉で明文化する」作業が、とても難しい工程なのです。それについては、次の章で、一般的なコピーライティングとの違いも踏まえて、ご紹介しています。

パーパスの発見に関して、さらに重要なのは、パーパスを見つけたからそれがゴールではない、ということです。パーパスが出来上がったら、そこからムーブメントを起こしていく。つまり、パーパスの発見は、始まりに過ぎないのです。そのため、明文化したパーパスには、ムーブメントを起こしていくんだよという可能性が表れていると、さらに良いでしょう。

※　アーリーアダプター：流行に敏感で、自ら情報収集を行った上で判断し、新しいものを取り入れる人。

第3章 ポイント

・パーパス・ブランディングは、一般的な「ブランディング」の概念とは異なり、企業の経営活動そのもの

・インターナル・ブランディングとエクスターナル・ブランディング双方を含めた、全ての組織活動をパーパスに沿ったものにすることがパーパス・ブランディング

・パーパス・ブランディングを実行するためのモデルが、I（情報探索）P（パーパス）C（コンセプト）S（戦略）E（実行）のIPCSE

パーパス・ブランディングは経営と一体となって行う必要があり、その上でのパーパスは社内と社外の「共通言語」そのものです。これまでは、ブランディングと聞くと「キャッチーな言葉を選んで広告を出す」「ウェブサイトを変える」など、表層的な印象が強かったかもしれません。この章を通じて何よりも伝えたいのは、ブランディングは経営と切っても切り離せない存在であり、表面だけを綺麗にするのではなく、まず根幹からしっかり打ち立てた上で、すべての経営活動が行われるべきであるということです。その根幹となるパーパス（P）を見つけ出し、それに基づいて、コンセプト（C）、戦略立案（S）から実行（E）まで、

社内の意識改革だけではなく、社外に向けた「共感」を生むコミュニケーションやビジネス施策を一貫させるという一連の活動こそが、パーパス・ブランディングなのです。

「パーパス」に関するQ＆A

エスエムオー　パーパス・コンサルタントに聞く「パーパスの見つけ方」

ここでは、前述のエスエムオーのメンバー、ジャスティン（パーパス・コンサルタント）が、パーパスに関するよくある質問に答えます。

Q　パーパスを発見するために、まず何から着手すれば良いでしょうか。

ジャスティン：まずは、丁寧に情報を集めることです。創業者や経営者の思いや創業の経緯を聞いたり、ブランドの原点や歴史、目指す姿などを聞いていく。そして、それぞれで過去・現在・未来の3つをきちんと把握することが大事です。内部でそれを行ったら、その次に、外部の視点を取り入れるために、その企業やブランドが対象にしている顧客のマインド（脳からくる感覚）とハート（気持ちからくる感情）を定量・定性的に探っていきます。あらゆるステークホルダーから見た〝360度視点〟ですべてインプットする必要があります。

Q　集めた情報を、強み・情熱・ニーズのそれぞれで分析していくとのことですが、それをどのようにしてパーパスとして導きだすのでしょうか？

ジャスティン：集めた情報から、自分たちの強みと情熱は何なのかを抽出し、それらが世の中（時代とお客様）のニーズとウォンツと重なり合う部分を見つけていきます。それにより、「世の中のニーズに対応できる自分たちの強みと情熱」が明らかになってきます。

Q　パーパスを自分たちで見つけることは、簡単にできそうに思えるのですが…。

ジャスティン：同じ材料、調理器具、レシピでも、素人とプロのシェフでは出来上がりが全く異なってきます。パーパス発見についても同じことは言えると思います。社内で導きだすことができれば良いのですが、パーパスとして示されているものの中には、非常に優れたものがある一方で、ぼんやりしていまひとつなものがあるのも事実です。私たちのようなコンサルタントを入れるメリットは、広い業種にわたっていろんな企業にパーパス発見のお手伝いをしてきた実績はもちろん、その後のムーブメントに火が付けられそうかどうか、その親和性にもフォーカスしているという点です。そこが違いが出るポイントだと思います。

Q　個人のパーパスを見つける場合も同じ作業でしょうか？

ジャスティン：個人の場合も基本的には同じステップです。個人の過去・現在・未来、そして必ず内部（自分）と外部の人間（近しい人。友達、家族とか、さらに言えば、生徒と先生のように、〝役立ちたい相手〟なども）から見ていくという、同じ考え方です。なぜ生まれたかという点については、子どもの頃の出来事、例えば、震災を体験したとか、いじめられていたとか、逆に何かに恵まれていたとか、それらがあって、今は何をしていて、将来はこうしたいというものを探っていきます。

Q　個人のパーパスも、企業のパーパスも、「世の中に対して」何の役に立てるかという視点から探れば良いでしょうか？

ジャスティン：アーロン・ハーストの著書『The PURPOSE ECONOMY』によると、「顧客」の対象となるものは分離されていると言われます。先生や町医者など個人レベルでインパクトを与えることに生きがいを感じる人もいれば、例えば街づくりなど、もっと世間レベルでインパクトの大きいことに生きがいを感じる人もいる。その人それぞれで、生きがいを感じるものが違うという考え方です。

また、パーパスとなるものは、その人ならでは、その会社ならでは、という〝ユニークさ〟が必要なので、インプットしたものから出てくる要素もそういう「ならでは」のものを探し当てなくてはならない。そうしないと最終的には「すべての人にあらゆるものを提供して社会を豊かにする」といったどれも同じようなパーパスになってしまうんですね。「顧客=究極的には社会・世の中だ」と言ってしまうと、パーパスは皆、「世の中のため」みたいになってしまう。

この〝ユニークさ〟は、エスエムオーがパーパスステートメントを作るとき、必須要素にしています。ユニークかどうか、人々(特に社員)をインスパイアしているかどうか、そして、対象となる人に対してスティッキーかどうか。この3つを条件としています。

Q 「お金持ちになりたい」など、利益に関することをパーパスにしてもよいのでしょうか。

ジャスティン：内面的な自己実現に対するパーパスがお金や利益であっても、エスエムオーで見つけるパーパスは利益に関するものではありません。利益以上にパーパスという存在があり、結果として利益がそれ以上になって返ってくる可能性も大いにありうる。しかし、利益の追求自体をパーパスにするということは、パーパスの考えに反しています。

4

日本企業だからこそできる パーパス・ブランディング

パーパスから始まる組織とビジネスの進化

パーパスが、欧米から始まった概念であるせいか、日本企業では導入しにくい、受け入れられない概念だと思われがちです。実際に日本ではパーパスに対する意識が低いのでしょうか。エスエムオーでは、日本で働いている人々の意識を捉えるために、国内のビジネスパーソンを対象に、パーパスや経営理念に対する意識と、それが働く上でどのような影響を与えるのかを調査しました。その結果、現在の日本のビジネスパーソンにおいても、仕事上でのパーパス主導な価値観が存在することが明らかになりました。また、パーパス型ビジネスパーソンは、組織への帰属意識が高く、新しいチャレンジや積極性があり、仕事をやり抜く力がある人が多いこともわかりました。

この章では、パーパス・ブランディングを実践している企業の中から、エスエムオーがお手伝いした2つの事例をご紹介します。

いずれも、パーパスの「策定」から、その後に重要な「浸透のフェーズ」まで、2021年初旬の現在も進行形で手がけている事例です。ここでお伝えしたいのは、パーパスは、決して海外ばかりでなく、むしろ、理念経営が古くから浸透していて、「三方よし」の考え方がある日本企業こそ、親和性が高いということです。また、組織の規模にかかわらず、組織の中のいち部門であっても、パーパスを効果的に導入することが可能です。

まずは、「住友ゴム工業」の事例からご紹介します。

事例1　住友ゴム工業

若きリーダーが抱いた違和感

住友ゴム工業は、ダンロップやスリクソンといったブランドに代表される、タイヤやスポーツ事業を展開する総合ゴムメーカーです。同社は、確実に業績を伸ばし続けてきましたが、社内のエンゲージメント（社員の会社に対する熱意）のスコアが良くないこと、また、2020年に向けて作った「ビジョン2020」の次が明確になっていないことに課題を感じていました。経営企画部の若手社員である向井奈都子さんは、「ビジョン2020」に次ぐものを検討する中で、パーパスという企業理念の考え方がある、ということを見つけました。

パーパスを起点とした企業理念へ

次のビジョンとなる目標を数値中心に設定しても、経営環境の変化が激しい今の時代には必ず修正が必要になります。そのようなビジョンを設定しても、会社をまとめることはできない――そう考えた向井さんは、住友ゴム工業の存在意義とは何か、つまりどんな環境下でもブレない指針となるパーパスの存在が必要と考え、現行の企業理念体系を再整理するプロジェクトを立ち上げたい、と提案しました。

住友ゴム工業の企業理念は、400年以上受け継がれてきた住友の事業精神が土台になっていたこともあり、パーパスプロジェクトの賛同を得るのは容易ではありませんでした。向井さんは、チームのメンバーと協力し、経営トップや役員とも丁寧にコミュニケーションを取った結果、「現行の企業理念をわかりやすく再整理する必要がある」ことを理解してもらい、パーパスプロジェクトの実施が決まりました。

ミレニアル世代である向井さんは「自分のような若手が訴えたことが、大きかったかもしれない。これからの会社を担っていくのは、我々の世代なのだから」と語っています。ちなみに向井さんご自身、ブランドの理念やパーパスで商品を選ぶ傾向にあるというパーパスドリブンな生活者でもあります。

存在理由は作るのではなく探し当てる

こうして、住友ゴム工業のパーパスプロジェクトが始まりました。経営トップとのコミュニケーションの中で、組織風土や人材育成をするのに、これまでのような数値目標だけではなく、背景や思いが伝わる、強いメッセージを出すことが大切との考えで一致しました。そこから数ヶ月かけて議論を重ねましたが、ある時点から話し合いが滞り始めたそうです。言いたいこと、伝えたいことは固まってきたけれど、正確に伝えようとすると文章が長くなりすぎる。一方、端的にまとめようとすると、言いたいことが伝えられない。そんなジレンマを感じ、外部の力を借りようと、私たちエスエムオーに連絡してきてくれました。

なぜエスエムオーと一緒に仕事をしてみようと思ったのか。向井さんに聞いてみたところ、「エスエムオーメソッドと熱意」と答えてくれました。実際、パーパスのような会社の根幹に関わることの策定は、熱意がないと乗り越えられないと思います。また、エスエムオーの他にも相談したそうなのですが、他社は、理念やパーパスの策定より「コミュニケーションツールの制作に長けている印象だった」とのこと。もちろん、コミュニケーションツールも大切ですが、より本質的でコアとなるパーパス策定において、私たちに可能性を感じてもらえたのは嬉しい限りです。

ちなみに、最初のケイパビリティプレゼンテーション（企業紹介）で、制限の2時間をフルに喋り続けました。私たちは、パーパスについて話をするのが楽しくて仕方がないのです。パーパスを策定するプロセスをきちんと説明し、アウトプットとなるものもイメージしやすいように明確に伝えているので、発注しやすいという声をいただくこともあります。極めて当たり前のことですが、目に見えない成果物（社員のエンゲージメント向上）と、目に見える成果物（策定したパーパスを解説する社内・社外向け冊子など）を、オーダーに対して正しく提示できることが仕事につながります。

パーパスの文章表現開発は、広告のコピー開発とは大きく異なります。広告のコピーが、商品や企業を綺麗に見せたり、人目につくようにするためのシュガーコーティングとするならば、パーパスの文章表現開発は、もともと企業やブランドに存在はしているけれど言語化されていないものを掘り起こし、従業員も理解・納得し、今の時代に合うように明文化していくことです。

私たちのプロジェクトでは、最初のインタビューフェーズから、社外向けの広告や、社内向けの冊子作りに関係するクリエイティブディレクターやコピーライターにも入ってもらいます。コピーライターも直接、クライアントから話を聞いて、商品やサービスも見て、企業やブランドを体験することが、パーパス開発の糧になるからです。こうして一緒に作り上げることで、制作側と発注側の考えにズレが生じにくく、たとえズレが出てきても話し合って修正していくことが可能です。

このプロジェクトでは、エスエムオーと一緒に数多くのパーパスの文章表現開発を行っているコピーライターの鈴木武人さんが文言を策定しました。度重なるディスカッションを経て、パーパスの文言「未来をひらくイノベーションで最高の安心とヨロコビをつくる。」が決定しました。社員が理解し、共感できるように言葉を紡ぎ出すのは、まさにクリエイティブの力です。

住友ゴム工業の理念体系、そして、パーパスの策定に対して、特に海外からの反応が良かったそうです。同社は、4万人の従業員のうち3万人が外国人なので、海外の役員から真っ先に「こういうのを待っていた！」とリアクションがあったとのこと。グローバル展開を行う企業の場合、言わなくてもわかるという日本流の考えは通用しません。理念やパーパスをきちんと言葉にすることで、従業員それぞれが、向かうべき方向を認識することができるのです。

パーパスの浸透に対する経営陣のコミット

パーパス策定の後は、ムーブメントのフェーズに入ります。パーパスは、策定すること自体が目的ではありません。ムーブメント（浸透）の状態までもっていけないのであれば、策定した意味がないというくらいに、その後こそ大事なのです。ムーブメントとは、策定したパーパスを軸に社内外に向けてブランディングを行っていくことです。

私たちは、住友ゴム工業と一緒に、経営者ワークショップ（エスエムオーでは、リーダーズサミットと呼んでいます）、アクティベーション（今後、パーパスを軸に何を誰がやるのかを決めるワークショップ）などを行っています。特に、経営者ワークショップは重要です。すべての経営者が、等しくパーパスを理解・共感し、自らの管轄分野においてパーパス起点の判断や行動をしていくことができなければなりません。しかし、このフェーズに疑問を感じる方も少なからずいます。

住友ゴム工業でも当初、「この経営者ワークショップは不要ではないか」「理念やパーパスは読めばわかる」といった声が聞かれました。しかし、蓋を開けてみれば、「やって良かった。正しく理解できた」「パーパスを基に自ら指揮をとることの重要性がよりクリアになった」と役員の方々からも評価をいただいています。

ブランディングは、終わりがありません。企業やブランドが続く限り、パーパスのムーブメントを回し続けなければなりません。それこそが、強いブランドや企業を作ることに他ならないのです。

先ほど述べたように、日本企業には昔から「三方よし」という考え方があり、自分たちの存在理由は何かを意識して経営する風土が根付いています。目標を数値で語ることが多くなった時代もありましたが、環境変化の激しい時代においては、数値目標だけでなく、ブレない指針として、自分たちの存在理由である「パーパス」に立ち返ろうというのは、日本企業だからこそできることです。

未来をひらくイノベーションで
最高の安心とヨロコビをつくる。

これが住友ゴム工業のパーパスです。

未来をひらく
イノベーションで
最高の安心と
ヨロコビをつくる。

パーパス×商品開発

組織のパーパスが、従業員や生活者が大切にしていること（＝個人のパーパス）と共鳴により、効果が得られることは、第1章のナイキの事例でもご紹介しました。それは、部や課、さらには商品やプロジェクトといった、組織内においても同様です。つまり、企業としてのパーパスがあり、いち部署としてのパーパスをはじめ、プロジェクト、または商品単位でのパーパスを設定することも珍しくありません。その場合、軸となるのが企業としてのパーパスです。それを基に、プロジェクトや商品単位といった中小のパーパスを設定することで、より一貫性のある、効果的で的確なビジネス運営が可能となります。

次に紹介するのは、エスエムオーで手がけた中から、商品というレイヤーでパーパス・ブランディングを行った事例です。ヤシノミ洗剤で有名なサラヤが、自社で開発・販売している自然派甘味料の「ラカント」と、その原料である「羅漢果（らかんか）」を、世の中に広めていくためのコンセプトショップとカフェを作ることになり、そのブランディングをエスエムオーが担当しました。

事例②　サラヤ　神宮前らかん・果

サラヤと環境問題　企業のＤＮＡ

サラヤは、「世界の『衛生・環境・健康』に貢献する」ために「常に時代を先取りし、衛生・環境・健康に関わる革新的な製品とサービスをお客様に提供し続ける」という理念を掲げ、環境問題や社会貢献にも熱心に取り組まれている、パーパス主導型な企業です。

サラヤのヤシノミ洗剤は、１９７０年代からのロングセラー商品です。大きな転換点は、２００４年。あるＴＶ番組の取材をきっかけに、ヤシノミ洗剤の原材料であるアブラヤシの無計画なプランテーション（大規模農園栽培）により、東南アジアのボルネオ島の熱帯雨林が破壊され、野生動物が減少しているという事実に直面したそうです。そこから、サラヤの環境問題への取り組みが始まりました。

ものの1年後には、RSPO（持続可能なパーム油のための円卓会議／Roundtable on Sustainable Palm Oil）という国際的な会議でボルネオ島への環境保全活動を表明。その後も、すごいスピードで、問題解決に向けて積極的な活動をされています。

TV番組という公の電波で自社にとってマイナスの情報が流れたことを、隠蔽するのではなく、真っ向から向き合っていったのが、サラヤのすごいところです。当初は批判もあったそうです。しかし、その後、同じ番組の続編で同社が環境活動に取り組み始めたことが放映され、世間の批判は応援や支持に変わっていきました。

もともと、サラヤを創業した先代社長が少年時代を過ごした、三重県熊野市の山奥の豊かな自然や清流への思いが企業のDNAとして存在していました。1960年代から1970年代に河川汚染問題が深刻化し始め、川を汚さない洗剤として開発したのがヤシノミ洗剤です。つまり、ボルネオ島での環境破壊問題の解決に寄与することがブランドの使命であるという、確固たる信念が生まれたそうです。現在の社長も、危険な地域にも自ら出向き、環境問題や衛生途上国への社会貢献に関する決定を迅速に行っています。

一方で、「常に時代を先取りし、衛生・環境・健康に関わる革新的なサービスや商品を提供する」という理念の柱の一つ、「健康」についても、別軸で彼らのプロジェクトが進みます。先代社長が糖尿病を患っていたことから、肥満や糖尿病を予防するために、サラヤは90年代前半に漢方として親しまれてきたウリ科の果実、羅漢果（らかんか）由来の自然原料の甘味料の開発に着手。それが、現在「ラカント」として販売されているカロリーゼロの自然派甘味料です。

プロセス　なぜ、このコンセプトショップを、世間に知らしめたいのか

サラヤからの相談内容は、ラカントのコンセプトショップとカフェのブランディングについてでした。そこで、まず私たちが提案したのは、有名なパティシエとのコラボでも、デザインを素敵に見せることでもなく、このコンセプトショップのパーパスを明確にすることでした。

前述の通り、サラヤには「世界の衛生・環境・健康に貢献する」という、明確なパーパス的理念が存在しています。その理念に対して忠実に活動を行い、その一環として、「ラカント」

を開発。それを世に知らしめるために「コンセプトショップ」を開業したいと考えていたわけですが、これだけ理念に忠実なサラヤであっても、「なぜ、このコンセプトショップを、世間に知らしめたいのか？」という、言うなれば「小パーパス」、ブランドのパーパスについては、考えたことがなかったそうです。

一見、「ラカントを知らしめたい」がパーパスとして捉えられそうなところではありますが、これは「ゴール／目標」でしかありません。「なぜ」を突き詰めること――「なぜ、ラカントを知らしめたいのか？」を追求することこそが重要なのです。それをお伝えしたところ、賛同してくださいました。そこから、エスエムオーとの地道なコミュニケーションが始まりました。

ディスカッションの時間は十分にとりました。その結果、導き出したのは、「血糖値や病気などと言うより前に、本質的に良いものだから健康な人にも広く使ってもらう」というパーパスです。こうして出来たお店のコンセプトが、「ウェルビーイング with らかん・果 ―― 心身ともに清らかで健康的な生活を届けたい。」でした。

成果　コンセプトに忠実、かつ長期的な経営でファンが定着

２０１８年のオープン以来、特に派手なコミュニケーションはしていないのですが、「らかん・果」はコンセプトに忠実に経営され、順調に売り上げを更新しています。コロナ禍では、従業員とお客様への「ウェルビーイング＝安全・安心」を第一にいち早く休業を決断し、その他の判断もスピーディーに行われています。その結果、ファンが定着し、地元のリピーターの方々からは、再開を切望されていたそうです。

サラヤという企業も、長期的な視点で経営をされています。ＫＰＩが達成されるかどうかは気にせずとも、それでも結果を出している。正しいことをすれば最終的に利益がついてくるという企業風土や価値観が、しっかり出来上がっているようにお見受けします。

商品開発も、大変厳しい目で「サラヤがやるべきなのか」「サラヤにふさわしい商品なのか」などと検証に検証を重ねています。担当の方によると、今後はアフリカの時代だとおっしゃいます。これから先、人口はアフリカしか増えないのだから、人口比を考えていくと、アフリカを無視したグローバル展開は意味がないという考えです（サラヤは、アフリカでの公衆衛生に

大きな貢献をしています)。

こうした、何十年先の未来を見据えた経営という考えに、私たちは大きく賛同します。また、サラヤ社内では、更家悠介社長自らが、インターナルコミュニケーション(社内発信)として、社の理念と、「変わっていくこと」が大事だということを、ブレずにしつこいほど言い続けているそうです。


このようなサラヤが、私たちと組んだのは、結局のところ「共感」なのだと思っています。パーパスに賛同し、共感し、共鳴したもの同士で、協創していく。それは、サラヤが私たちに共感してくれただけではなく、逆もしかりです。

今の時代のキーワードである「共感と協創」を実行できているのではないでしょうか。そして、サラヤのブランドの一つである「神宮前らかん・果」といういわゆる組織の枝の先にまで、パーパスという概念を吹き込んでいる。そのお手伝いができたことは、私たちにとっても大変貴重な経験となりました。

コラム　2

クリエイターが考えるパーパス

鈴木武人（すずき・たけと）
株式会社タケト、クリエイティブディレクター、コピーライター
2016年5月まで電通第4クリエーティブプランニング局局長、エグゼクティブクリエイティブ ディレクター、コピーライター。主な業務は、トヨタ自動車クリエイティブ統括、SONY、アサヒビール、NTT、三井不動産、久光製薬など。主な受賞歴は、ニューヨークADC金賞、カンヌシルバー&ブロンズ、新聞広告賞グランプリ、雑誌広告賞グランプリ、ACCゴールド、毎日広告賞グランプリ、その他受賞多数。

パーパスのコピーライティングは数学的だ。

エスエムオーと度々協業し、数多くのパーパスステートメントを開発している、クリエイティブディレクターであり、またコピーライターでもある鈴木武人さんに、広告における表現開発とパーパスにおけるそれとの違いについてお聞きしました。クリエイターの立場からのパーパスについての見解を語っていただきました。

パーパスの意味

僕が、最初にエスエムオーの皆さんとお会いしたのは2019年の2月で、それまでは大変お恥ずかしいのですが、パーパスという概念を知りませんでした。お会いしてすぐご説明いただき、エスエムオーさんが作られているパーパス・ブックや事例なども拝見して、その日のうちにパーパスというものの佇まいは理解したつもりです。いろいろなクライアントさんとの仕事を40年以上やってきて、ブランディングも相当やってきました。そしてその各企業さんには企業理念とかミッションとか、名称は変われど、そういうものはどこの会社でも同じように存在していましたし、「あ、そういうものが今は『存在理由』というもう少し踏み込んだ概念なんだな」というところまではまず分かりました。実際に仕事をしてみて、その本質が見えてきました。パーパスというものは、作っただけでは意味がない、作って置いておくものではないということです。それを活用して、インターナル、エクスターナルあわせてブランディングに活用していくものだし、それは経営者が変わっても変わらない、企業が容易には変えてはいけない一つの本質だと思いますね。

ブランディングというものが、自分のやってきた広告の生業からすると、一番近い言葉ではあります。ただ、その成果物というものは、広告だと社名の上に乗っかるスローガンや、今はVI（ビジュアルアイデンティティ）と言われるシンボルマーク、そしてロゴとか。たいてい言葉とビジュアルで、そういうアイコン的なものをアウトプットするというのが、企業ブランディングという仕事。一度スローガンやVIを決めると、それが商品だろうと広告だろうと全部に貼りつくわけです。商品とか企業を全部包み込む、包装紙みたいなもの。つまり、僕がやってきた広告会社の行う企業ブランディングというのは、メッセージを刷り込んだ見栄えの良い包装紙を作ることが仕事だったのかもしれません。

ただ、パーパス・ブランディングというのは、ガワをつくるのではなくてナカ、もっとそのおおもとにある企業独自の考え、存在理由であり、そこに踏み込んでいって、それを今の時代に通用する言葉に生まれ変わらせて命を吹き込み、ブランディングやマーケティング、あるいはマネジメントにつなげていくわけです。僕がブランディングの仕事をしていた企業さんにも、当然のことながら企業理念があるのですが、それは僕たちの仕事においては、常に与件なんです。それを触るという考え方は、一切なかった。理念は理念でこういうもの、というのはクライアントと共有するけれど、作るのは様々なコミュニケーションで活用するスローガンでありVI。それはある意味、聖域にずっと置かれ続けていて、そこに手をつけるということは全く想像しないものでした。

パーパス策定の仕事では、その聖域にあった企業の御本尊みたいな言葉をもう一回引き摺り出してくる。その御本尊は、長い歴史を持つ企業であればあるほど言葉づかいも古い。それを引き摺り出してきて、今の社員、今のお客さん、これからの社員、これからのお客さんでも、みんなが共有でき、みんながそれぞれ活用できる言葉に生まれ変わらせて、そこからブランディングをやり直す。コミュニケーションの主役に置いてあげるということです。それは、僕がやってきた広告会社のブランディングとは明らかに違うわけです。企業理念と同等であるパーパスをブランディングに活用していくということを想像した時に、極めて新鮮でした。

広告クリエイティブとパーパス策定開発の共通点

広告クリエイティブとパーパス策定の共通点は「見える化」だと考えています。パーパスは、定めるだけでなく使う言葉です。使われるためには、言葉によって中身が誰にでも見えていなければならない。つまり、企業の理念を「見える化」させないといけないのです。それは、広告において、商品や企業の価値を、世の中にどう役立つのか、どう今までと違うのかなどと「見える化」させる作業と同様だと考えます。

ソニーが策定したパーパス、「クリエイティビティとテクノロジーの力で、世界を感動で満たす。」は超カリスマ企業であるソニーの存在理由が、この短い文章に集約されています。特に注目したのは〝満たす〟という言葉です。普通に考えれば〝感動を提供する〟で完結できるところ、あえて〝満たす〟という言葉を使っている。スケール感を表現しているように感じるし、「心の満足」とも読み取れる。ソニーが提供する感動レベルの高さを自分たちのハードルとして設定している、高い志が「見える化」されています。

包装紙も大切で意味はあります。何かを言葉にすることで、何かを「目に見えるものにする」ということは等しく大切です。まず明らかに言えるのは、広告のコピーを作るときとパーパスの文言を考えるときに共通していることとして、その商品や企業の価値の本質をきちんとつかまなくてはいけないというところ。メッセージを、What to say、How to say で分けるとすると、What to say の部分で価値の本質をつかむ。これはまず同じ。How to say の部分では、広告のコピーは人の心の中に入って、心を動かして、実際のアクション、行動に結びつけないといけません。ワーディング的には、エモーショナルにしなきゃいけなかったりする。商品を売る場合だったら、商品を買ってもらわないといけないし、企業ブランディングであれば企業を好きになってもらわないといけない。

パーパスも同じで、活用されていく言葉でないと意味がない。社員の皆さんが自分ごと化して、自分の日々の仕事に結びつけて、それによって自分の行動を昨日とはまた違うものにしていってもらわないといけないわけです。そういう行動に結びつけるエモーショナルなパワーというのは、両者共通に必要なのだと思います。特に、パーパスでそうした力が必要なんだというのを、最近より強く思い、そういう言葉をできるだけ作っていきたいと思っています。

一方で広告とパーパスの開発の違いは、広告の場合、コピーって表現の一つの要素にすぎないんですね。その広告で言わなきゃいけないメッセージを、コピーがすべて背負わなきゃいけないということはない。メッセージをすべて集約して発信するというよりは、むしろ気づきというか、そういう役割でも良かったりするわけです。だから、ある表現の中にいろいろ存在するHow to sayの要素の一つでしかなかったりする。

それと広告には、ブランディングに貢献しようとするものと、もう少しプロモーションに寄ったものがあります。プロモーション広告は、そのバジェットを投資するある期間で、どれくらい売り上げに貢献できるかという、かなり限られた時間の中で機能させる役割で作るわけです。そうなると、やっぱりその商品の価値をどう言うかということよりも、例えば、夏のキャンペーンなら、この夏のお客さんの関心事、世の中の風向きみたいなことにどうチューニングするか、ということが重要になります。広告では即時性と言ったりしますけど、そういうことのほうがむしろ本質的なメッセージより大事になったりします。

ただ、パーパスの言葉は、時流感は関係なく、普遍的で、時代を超えていく。もちろんパーパスは未来永劫変えてはいけないということはないのですけれど、広告とは全然違う時間軸の中で、一つのメッセージをきちんと背負って、過不足なく表現し切るということが求められる言葉だと思います。

問題に対し、数学的にアプローチする

表現の仕方にも違いはあります。パーパスの言葉も短ければ短いほど良いとされていますが、その中でその企業独自の佇まいと、その企業の存在理由は何かということを、過不足なく言い当てないといけない。それは、コピーライターからすると、何かを書くと言うよりも、「答え」を見つける感じです。パーパスというのは、「数学」なんですよね。企業がこれまで大切にしてきた理念があって、歴史があって、DNAがあって、現状のビジネスの強みがあって、市場での評価があって、目指す将来像があってと、いくつかの「与件」、「条件」をもとに、パーパスの要素を整理していく。このプロセスは、数学で解答に向かって数式を整理していく感覚に似ています。いわゆる広告の仕事とは違い、明らかに今は数学の問題に取り組んでいる感覚です。

広告のコピーの答え方はいくつか方法があったりしますが、パーパスの答えは常に一つ。そして、それをできるだけ短い、できるだけ少ない語数で、しかも人によって解釈される幅を可能な限り狭くして表現する。ただ、誰でも自分ごと化できないといけないので、それだけの懐の深さを持たせる。その文言の意味自体を、解釈違いはある意味拒絶できるくらいのブレない正確な単語で、できるだけ少なく言い切る。こういう問題をもらった受験生のような感覚ですね。

それは自分がこれまで広告で培ってきたスキルを最大限使える、極めてやりがいのある問題です。解があるというのは心地よいもので、広告コピーは「これ良い感じだけどなー、どうかな？」っていう感じなのですが、数学の問題だから「あ、これ解けた」という瞬間があるんです。明日、すぐ見せに行きたいって思います（笑）。でも、僕は数学だと思っていても、皆さんはそう思っていないから、幅を見せながら、一つひとつ「変数」を整理しながら、「正解」へ導いていく感じです。最終的には、数学。パーパスのコピーライティングは数学です。方程式はありません。まずは式を見つけるところからはじまる。そして変数を整理していく。要するに問題に対し、数学的にアプローチするということですね。

パーパス定着のための「自分ごと化」まで設計する

エスエムオーさんは、パーパスは作るだけでなく、社員の人たちがきちんと理解して、心理と行動に結びつけ、使えるものに浸透させていくことが必要と語られています。僕は、この「パーパスの定着・浸透」におけるクリエイティブの役割について考えたとき、ファーストリテイリングの柳井正代表取締役会長兼社長の言葉を思い出しました。柳井会長は、「経営は経営者がするのではなくて、社員がすべきだ」と説きます。一人ひとりが労働者ではなく、経営者と思って仕事をすればパフォーマンスは全く違ってくるというわけです。社員たちが経営者の想いを共有するツールとしてパーパスが有効なのです。経営者の想いを共有するのは、社員たちが自分ごと化するということです。一人ひとりの自分ごと化を狙っていくのは、パーパス策定でも、広告クリエイティブでも重要な要素です。

パーパスを策定する上で長さはそれほど大きな問題ではありませんが、社員の人が自分ごと化でき、生きた言葉として機能させるという面から言えば、短い言葉の方がハンドリングしやすいと言えます。ただ、その企業のたったひとつの言葉を形にするのが第一優先です。企業固有の強みを言葉として定着させるのが、最も大事なことであると考えます。また、エスエムオーさんが言われるような、その会社らしい独特な言い回し、特徴的な単語などを使うのも重要だと思います。内部の人たちに引っかかりを持たせ、自分ごと化させるためには、企業ごとに戦略的な言葉づかいが有効ですね。

クリエイティブの存在理由

エスエムオーの皆さんとお仕事をするようになって、当然「僕の存在理由って何だ?」って考えるようになりました。広告の仕事は一言で言うと課題解決です。クリエイティブはその中心を担います。課題は短期で答えを出さなければならないものもあれば、長期で取り組むものもあります。いずれにしても、その解決が僕たちの、クリエイティブの仕事のゴールとなります。ただ、その「一つの仕事の解決」だけが、本当に自分たちの役割なのだろうか、と考えるわけです。僕の答えはこうです。僕は、クリエイティブの存在理由というのは、広告だろうとパーパスだろうと、そのクライアントの「ブランド価値」を上げるということなのではないかと。もちろん一つのプロモーションが成功することも大事なのですが、やっぱりその企業が長く存在していくためには、ブランド価値が継続して成長していくことが大切です。そこにコミットすることが僕の存在理由。そこまで考えないといけないないなと、エスエムオーさんとお付き合いをしていて感じます。エスエムオーさんのブランド価値を上げ、そして担当させていただいているクライアントのブランド価値を上げる、そのためのお手伝いができたら良いと思っています。

第4章 ポイント

・日本企業にも適しているパーパス・ブランディング
・組織の規模に関わらず、パーパスを効果的に導入することが可能
・パーパス・ムーブメントこそが重要

パーパス・ブランディングの概念が浸透すればするほど、必ず聞かれるのは「グローバル企業だからできるのではないか」という質問でした。しかしむしろ、パーパス・ブランディングに取り組めば取り組むほど、日本企業だからこそできるということを実感します。本章で紹介した企業のように、パーパスという概念は実は日本ととても親和性が高い。そこに、企業や部門の規模、肩書きなどは関係ありません。自分たちは社会にとってこんな「存在理由」がある。それが確かであれば、社内も変わりますし、ビジネスにおける新たな商品開発にもつなげることができるのです。

5

パーパスは浸透こそが重要

スターバックスのパーパス・ブランディング

浸透に必要なのは理解と信頼

パーパス・ブランディングで最も難関なのが、浸透のフェーズです。

パーパスを「見つける」過程ももちろん難しいのですが、それを社員一人ひとりに理解してもらい、共感し、自分ごと化するという作業を繰り返し行わなければなりません。その作業は決して単純ではなく、多くの時間と労力を必要とします。実際、パーパス・ブランディングの浸透を実現している企業はどのような取り組みをしているのでしょうか。この章では、パーパス・ブランディングのリーディングカンパニーであるスターバックスについてご紹介します。

スターバックスの理念は、ミッションとバリューズから成り、これらに則って経営をしています。

ミッション

人々の心を豊かで活力のあるものにするために──

ひとりのお客様、一杯のコーヒー、そしてひとつのコミュニティから

バリューズ

私たちは、パートナー、コーヒー、お客様を中心とし、Values を日々体現します。

お互いに心から認め合い、誰もが自分の居場所と感じられるような文化をつくります。

勇気をもって行動し、現状に満足せず、新しい方法を追い求めます。スターバックスと私たちの成長のために。

誠実に向き合い、威厳と尊敬をもって心を通わせる、その瞬間を大切にします。
一人ひとりが全力を尽くし、最後まで結果に責任を持ちます。
私たちは、人間らしさを大切にしながら、成長し続けます。

ミッションと呼ばれていますが、その意図するところはパーパスそのもの。そもそも、パーパスという概念が発生するよりずっと前の1990年から、これの前身にあたるミッションステートメントを採択し、進化を繰り返しながらも先述のように現在進行形で活きた理念として使われ続けているのですから、パーパスと呼んでいないのは当然かもしれません。ちなみに、前CEOハワード・シュルツ氏の著書『Onward（邦題：スターバックス再生物語）』の中では、繰り返し「パーパス」という言葉が使われています。

彼らのコアのミッション（私たちの言う、パーパス）の核となる部分は「人の心に活力と潤いを与える」。これを実現するには、二つの大事な要素がありました。一つはコーヒー、もう一つは人と人とのつながりです。彼らはこの二つを戦略に、徹底的に落とし込んでいます。

例えば、エスプレッソマシンを置く場所について。どの街のスターバックスでも、エスプレッソマシンは厨房の中ではなく、カウンターの前で待つお客さんの目の前にあります。なぜかというと、顧客と向き合いながらコーヒーを淹れることでコミュニケーションが生まれ、顧客は自分がオーダーしたコーヒーがどのようなプロセスを経て作られているのか、様々なこだわりを間近で見ることができるからです。このように、顧客と良好なつながりを作り出すためのエスプレッソマシンの配置の工夫は、全店舗共通での戦略になっています。

他にもスターバックスが彼らの信念を貫いたエピソードがあります。カフェの禁煙は今でこそ当たり前ですが、スターバックスが日本に進出を検討していた当時は、分煙（エリア分け）はあっても、ほとんどのカフェで喫煙が可能でした。そのため多くのコンサルタントは「日本では、喫煙可にしないと成功しない」と言いました。でもスターバックスには、「人の心に活力と潤いを与える」というしっかりとしたミッションの核がありました。人々に活力と潤いを与えるために、店内に入った瞬間の良いコーヒーの香りや、店舗パートナーの挨拶といった一連の「スターバックス体験」を大事にしています。しかし、喫煙を可にしてしまっては、タバコのにおいがそれをダメにしてしまう。スターバックスは禁煙のポリシーを貫き通し、それが今の繁栄につながっているのです。要はパーパスがしっかりしていれば、会社が最終的に目指すものが何なのかが分かる。そして、一つひとつの戦略にブレがなくなるのです。

企業は利益だけのために存在するものではない

スターバックスは大きな成功例ですが、パーパスを策定して掲げるということが、いかにして利益を生み出すのでしょうか？

パーパスとプロフィットは必ずしもシンクロしません。むしろ、たびたび相反します。だからといってパーパスを持たなかったら、そういった企業は利益ばかりを追ってしまい、支持されなくなっていくでしょう。今の時代、企業は利益だけのために存在するものではありません。

でも、しっかりとしたパーパスが存在すれば、パーパスとプロフィットという二つの目線で物事を見ることができる。もちろん利益は追求するけれど、利益はあくまで結果。そしてパーパスは、利益を上げる前提として必要なものです。だからこそ、この相反する要素を両立させねばならないのです。

インタビュー

スターバックスに学ぶ、パーパス主導型組織の在り方
パーパス起点の活動から浸透まで

パーパス・ブランディングを浸透させるために、どのようなことに取り組んでいけばよいのか。今回、スターバックス コーヒー ジャパンの代表取締役最高経営責任者（CEO）水口貴文氏にパーパス経営の真髄について取材させていただきました。

スターバックスの存在意義　すべてはミッションから

齊藤：我々がパーパスを軸にしたブランディングを行うきっかけは、スターバックスの育ての親とも言える現名誉会長（前CEO）ハワード・シュルツ氏の本を読んだことでした。

水口：そのシュルツ氏の本にもありますが、彼は幼少期に、トラック運転

手だった父親が怪我をしたことで職と保障を失いました。その経験から、従業員や会社を支えるステークホルダー、スターバックスで言えば、お店やオフィスで働く従業員、そしてコーヒー生産者などスターバックスを支えてくれる人々も大切にする会社を作りたい、というのが彼の出発点です。いつでも利益と社会的良心を両立させようと、例えば従業員に健康保険加入やストックオプションが組み込まれる。利益を追うだけでなく、そこに社会的意義があるからこそやる気が出る。今よく言われる「ステークホルダー資本主義」みたいなのをずっとやってきている、ということなんです。スターバックスではミッションがパーパスと言えるでしょう。存在意義ですね。僕らが大切にしている「何のために日々お店に立って働くのか？」――そのＷＨＹがすべてのスタート地点であり、会社のすべてと言っても良いかもしれません。我々のミッションは「人々の心を豊かで活力あるものにするために――ひとりのお客様、一杯のコーヒー、そしてひとつのコミュニティから」です。一度もパートナー（従業員）にこれを暗記するようにお願いしたことはないですが、きっと誰もが自分の言葉として言えるように思います。来店されたお客様が少しでも笑顔になったり、リラックスしたりして帰っていただければ、その輪は世界中のスターバックスから広がって世の中もハッピーで楽しくなるよね、という価値を多くの仲間が信じているのだと思います。

また、我々の行動規範であるバリューズは、米国から共有されたものを、日本のパートナーが違和感なく理解・体現でき、しっかりと浸透していくものにするために、半年くらいかけて、各部署の代表者でテーブルを囲んで熱い議論を交わして日本語訳を創っていったという、かなり気持ちのこもったものです。どんな言葉を使うかによって、人に伝わる・伝わらないがあるし、伝える側がオーセンティックに自分の言葉として話せないと、受け取る側も自分ごと化できない。どんな言葉を使うかはすごく大切にしてますね。

例えば、本社はオフィスではなくお店を支援（サポート）する「サポートセンター」、全従業員をスタッフではなく、「パートナー」と呼ぶのもそうですね。

我々の活動はミッションにすべて紐づいていて、この「人々の心を豊かで活力あるものにするために」を実現できるかですべてが成り立っているといっても過言ではありません。そして、それに続く「ひとりのお客様、一杯のコーヒー、ひとつのコミュニティから」については、スターバックスには接客のマニュアルはありませんので、一人ひとりのお客様を大切に、接客するパートナーがそのお客様が何を求めているかをまず察し、そしてそれに合った対応することを意味します。そして、一杯のコーヒーという言葉の背景には、世界中のコーヒー農園の方々を想い、我々がきちんと正しくコーヒーを買い付け、お客様まで届けることで彼らの生活に還元しようという意識の高さがあります。最後に、コミュニティ。店舗のある地域とのつながりを大切にし、企業としても店舗発でも様々な地域活動をしています。ミッションを実現するために、自ら考え、アクションする多様性溢れる会社になっていますね。

齊藤：店舗のパートナーまで皆がミッションに共感して体現しているのですね。

水口：会社のミッション&バリューズと、個人が大切にしているものの接点を見つけていくことを地道にやっています。アルバイトも含め、全パートナーに対し、店長が定期的にしっかり時間を使って、そのパートナーが今後4ヶ月間でやっていきたいことや将来の夢など大切にしていることを聞き、会社の大切にしていることと接点を見つけ、ゴールにしていく。それで仕事が自分ごと化して、スターバックスで働くことで会社も自分も成長するというサイクルを作る。こうしてエンゲージメントを生み出し保っていくことをすごく意識しています。いくら一人ひとりが成長を目指していても、会社との接点がなければ意味がない。

結局、お客様の印象を決めるのはパートナーとお客様の関係が重要ですから、みんながどれだけミッションをベースにして考えられるか、お客様の様子を察してその人のためにできることを考えられるか。それが、ある意味すべてなんですね。パートナーの共感レベルが高くないと、スターバックスのブランドは成り立たないので、そこは業績と同じくらい大切にしていて、ここが崩れないように最も意識している部分です。

齊藤：そしてコミュニティも重視していらっしゃる。

水口：一番大切なのは、お客様が少しでもハッピーになってお店をあとにすることだと思っているんですが、一方、コミュニティに対して、僕たちが何ができるかということもすごく大切にしています。自分たちが社会に対して何かポジティブな変化を、たとえ変化までは起こせなくてもきっかけくらいは作れるんじゃないかと。スターバックスではこういった社会貢献に関わる活動をCSRじゃなくて、「ソーシャルインパクト」と呼んでいます。例えば、プラスチック削減に関しては、使い捨てのストローの廃止宣言など、スターバックスからのアクションが社会での広がりのきっかけの一つになったのではと思っています。その他にも、店舗から出たコーヒーの豆かすをリサイクルした堆肥を用いて野菜を育て、サンドイッチの具にして店舗に戻したり、牛の飼料として活用し、その牛から搾ったミルクをまたお店で使ったりといった地道な取り組みもしています。言うのは簡単ですけど、店舗での豆かすの仕分けと回収も一苦労ですし、協力会社あっての取り組みです。意義のあることへの社内外パートナーの共感があるからそういう手間のかかる作業もやってくれる。

また、ソーシャルインパクト領域でもう一つ大きな軸としているのは、ダイバーシティ&インクルージョンです。お客様も従業員も一人ひとりが自分らしくいられる居場所を作るという考えを掲げ、性別や年齢をはじめ、様々な違いを尊重して、一人ひとりの特徴を活かしていける会社でありたいと思ってます。昨年の取り組みとしては、聴覚障がいのあるパートナーが中心となって運営する店舗「サイニングストア」を日本にも開業しました。以前、聴覚障がいのあるパートナーに何が夢?って聞いたら「自分たちだけで店を開きたい」と。それで試しに数時間彼らだけで営業をしてみたら、発話がなくてもすごい活気に満ち溢れていたんです。終わった後に「今日どうだった?」って聞いたところ、みんな手話をメインに「自分の第一言語でずっと喋れるのが楽しかったです!」って。普段は自分の第一言語で喋っていないことで、彼ら彼女らは日々そんなチャレンジを繰り返している。それに僕らは気がついていない。インクルージョンの在り方も様々で、思い込みで簡単にやり方を決めつけてはいけないというのを思い知りました。障がいをカバーするというスタンスでは全くなく、一つの特徴として捉え、ツールやチームを工夫することで手話が主要言語っていう、少し特徴のある店舗が出来上がりました。地域のオアシスなのは他のお店と変わらない、楽しくて明るい店舗です。

私も子どもたちを連れてプライベートでも訪れたんですが、「手話ってかっこいい！」って一生懸命手話の練習をするんです。前向きな気づきに溢れています。彼らが働きやすい環境を楽しくかっこよく工夫して創り出し、世の中に広めていくことでソーシャルインパクトになる。いわゆる「かわいそう」という路線では何も生まれない。

その他のコミュニティ貢献活動としては、各店舗が独自でそれぞれの地域に合うことを多種多様に展開しています。町田からスタートした、認知症の当事者とその家族の方の居場所を作る認知症カフェなどがいい例です。

もともとは町田市の一店舗のアクションから始まり、今は町田市内全店舗と、他の県にも広がっています。

我々はミッションをベースにして、よく「オンリースターバックス」になろうよって言ってるんですが、スターバックスにしかできない成長を続けたい。お客様や地域の皆さまに、あって良かったと思っていただける存在になりたいといつも話しています。

人間らしさ・誠実さを持って向き合い続ける

齊藤：素晴らしい会社というのが改めてわかって、突っ込むところがありません。

水口：いえいえ、全く完璧ではありません。正直、良い接客ができないこともあると思いますし、失敗をすることもあります。だけど、それでこそ人間らしくて、オーセンティックだし、できないことは助けてもらえばいい。完璧でなくても人間臭さを良しとしているんです。スターバックスにはマニュアルがありません。マニュアルがない分、ミッションを指針にした行動であれば、会社はそれを支えるというのが基本姿勢です。

意見が違うときも当然あるけど、そういうときはガチンコで向き合おうねって。人と人が向き合って、それで人間力を高めていくのがすごく大切ですね。

世の中なんとなく適当な話題でお茶を濁すことも多いですが、スターバックスって結構人の敷居までズカズカ入ってきて、お互いが本当に理解するまで対話する。そこにしか本当の接点って生まれないので。マネジメントの会議でも意見が違えば正面からぶつかり合うけど、お互いを尊重した中でぶつかったら最終的には良い結果につながると思うんです。仲良くすることと、なあなあにするのとは違って、本当の意味で人と人がきちんとリアルに向き合い続けることだけはやめない、それがうちの一番の強さだと思っています。まさにバリューズの「誠実に向き合い、威厳と尊敬をもって心を通わせる、その瞬間を大切にします。」ですね。

齊藤：意見がぶつかったときなど、意思決定の最終判断は。

水口：ビジネス決定時はみんなでいろんな角度から見るということをしますけど、最終的に自分で意思決定をするときは、究極は「パートナーが」喜ぶかどうかを判断基準にしています。ビジネスとパートナーとお客様の三視点から見て正しいかどうか、これはシュルツ氏が言ったことであり、我々の習慣でもあります。例えば、株主総会では2つ席が空いているのですが、そこにはパートナーとお客様が座っている想定で、その人たちに胸を張って言える判断かどうか。パートナーは従業員ながら、スターバックスの大ファンでもあるので、商品開発においてもパートナーがワクワクするかどうかが最後のフィルターですね。

齊藤：小さい規模でやるのは簡単でも、４万人も従業員がいるような大きな会社で実行するのは、決して簡単なことではないと思います。

水口：やはりそれぞれ自分たちがやっていることを信じているからだと思います。ありがたいことにリテールでお客様との接点がある私たちのような業態だとその価値を確認する機会があります。例えば、２０２０年春の緊急事態宣言時、大規模な休業後にお店を再開した際には、「お店を再開してくれてありがとう」「日常が戻ってきた」という嬉しいお言葉をたくさんいただきました。常に「自分たちの存在意義って何？」を考え、自然に会話として出てくるので、自分たちの活動が必要とされている感覚がベースにあるんだろうなと思います。

ハウツーのところで言えば、パートナー一人ひとりの目標を作った後に、フィードバックが仕組み化されている部分は大きいのではないでしょうか。
目標を確認しながら課題があるところはしっかりと伝えるので、時には親にも言われないようなことをピシッと言われることもあると思うんですね。信頼関係がない中でそれを言うと誤解を生みますが、信頼関係がある中で本音を丁寧に伝えるのは、人間の本質として大切だと思うんですね。人と人があたたかくつながり合うっていうのは、働く上でも、お客様との間でも、人として必要なことなんだと思います。こうしてミッションやバリューズが定着していくのではないでしょうか。

齊藤：そういうカルチャーは、アメリカから受け継がれたのですか？　日本で独自に生まれたものなんですか？

水口：スターバックスのミッションやバリューズは全世界で統一されていて、どこの国でも同じような会話が成り立ちます。それはスターバックスのすごく大きな強みです。ただ、一つひとつのコミュニティを大切にするとミッションの中でも明確に言い切っているように、活動の多くは各国に任されていて、どんな商品や店舗を作ってどんなマーケティングをするのかなどはお客様や文化が全然違うので、各国それぞれです。世界各国の中でも日本はかなり丁寧に取り組んでいると思います。あと本来スターバックスがやりたいことが、日本に永く伝わる「三方よし文化」と相性が良いんじゃないかなと思いますね。

業績とパーパス（ミッション）は両立できるのか

齊藤：業績と社会的な活動の両立というのも大変かと思います。

水口：スターバックスのスタンスは、メディアの皆さんからするとスッキリしないんじゃないでしょうか。もっと真っ白か真っ黒かの話のほうがわかりやすい。だけど、我々スターバックスが目指すものって、社会的な良心と変化するこの世の中でどうやってビジネス成長を両立できるかを真剣に考えて、常にどのグレーを探すかなんです。都度スターバックスらしさをみんなで真剣に考えて「この辺かな?」って。まさしくコロナ禍でお店を再開するときもそうでした。

今回みたいな難しい判断をしないといけないとき、自分たちの判断がミッションに沿っているかどうかはすごく意識しています。こういうクライシスの時ほどミッションに立ち返る。普段からミッションが大事と言っていても、その判断がミッションからズレていれば、人は簡単に離れていくと思っているので、常にみんなの前で胸を張って言えるかどうかを気にかけています。

齊藤：両立させながらも、時には数字との戦いもあると思いますが、「数字を上げていく」ために大事にしているものなどありますか?

水口：基本的には、エンゲージメントの高いパートナーが自分ごとで働いてくれれば、中長期ではビジネスは良くなると思っていて、そこに対する強い信念があります。ビジネスで大切なことは、まず自分たちが何を大切にしているかというコアが明確なこと、うちだったらミッションであり、コーヒーであり、本物であること。ただ、会社の規模が大きくなっていって、過去の成功体験に甘んじてパターン化してしまうと、新しいものが生まれない。革新しないといけないんですね。コアと革新です。

「僕たちは人のつながりを大切にしています」って言っても、店で対面することだけとは限らない。今だったらデジタル上のコミュニケーションもつながりだし、デリバリーのお客様へのメッセージをパッケージに書くという行動の一つでも、温かみを伝えることってできるんですよ。もちろん、それをマニュアル化することはしませんが。店の中だけのことだけでつながりを生み出すと言ってしまうと、もうそこで閉じられてしまって新たな発想は生まれないけど、つながりを生み出すことを我々のコアとし、やり方は時代に合わせて革新していく。それでこそビジネスが成長していくし、そうでないとブランドなんて成長しません。もう一つ大切なのは、お客様に共感してもらえるかがすごく大きくて。特にこの環境下では、本物で本質があること、共感があること。これがブランドが成功していく上で前提条件だと信じて毎日進んでいます。

なぜやるのか、を問い続ける

齊藤：リーダーや経営層の方々に対して、ミッションを信じて仕事に取り組んでいるかの確認は、どのようにしていらっしゃるのですか？

水口：社歴が長いパートナーが、新しいメンバーに教えてくれるというのはあります。ただ、もともとこのカルチャーや考え方に賛同している人が入社してきているので、リーダー陣でもそういう部分がないとスターバックスでは働きにくいでしょうね。アツいメンバーが多くて、普通だったらすぐにビジネスの話に行くような場面に、「どうやってやるか」ではなく、「なぜやるのか」というところに時間をかける、面白い文化が根付いていますね。でもここが決まると、すごくバーッと進んでいくんです。

シニアマネジメントのコミュニケーションにものすごい時間を使っています。週2で雑談会を開いたり、自分のプライベートの話やお互いをもっとよく知るセッションを実施したり、コロナ禍には「10年後のスターバックス」のビジョンをリモートで議論したりもしました。

齊藤：そういうことを話すのが好きな文化と信頼関係が出来上がっているのですね。

水口：コロナ禍で全店長会も初めてリモートでやりました。チャット欄もオープンにし、すごい勢いで意見や質問が寄せられました。意見を言ったらちゃんと聞いて返してもらえるという信頼関係があってこその書き込みだったなと思って、これからはそれに答えていく番です。

齊藤：上から下までみんなアツいんですね。

水口：自分の言葉で伝えないと、本当には伝わらない。わかったような表面的な話をしても、話していて「完全にスルーされている」とか、逆に「これは響いているな」とか、わかるんですよ。あと、わかっているつもりでも、自分の言葉で話そうとすると、うまくまとまらず、「あれ？ 本当は理解できていなかった」とか、本質まで考えきれていなかったと気づくこともある。スターバックスにいると人間力みたいなものを鍛えられている気がします。成長も大好きですし、「なんでこんなに成長しなければならないのか」とか議論になることもありますけど、我々のやっていることが本質的に社会にとって前向きであれば、そこに大義名分があるので、自分たちの規模をうまく活用して広がっていくことに意義があると思っているんです。あと、うちはリーダーの人に求められる素養として、サーバント（使い）であること、つまり、人のために何ができるのか、という点がありま す。誰かの役に立ちたいっていう思いが根底にあるパートナーが多いので、あなたの大切な人に語りかけるつもりで伝えれば自然と心がそこにあるよねっていう、そういう感じかもしれません。オーセンティックであること、サーバントであることはリーダーにすごく大切な要素だと思いますね。

齊藤：お話を聞いているとファン度が増します。きっと働かれている方もそういう気持ちで働いていらっしゃるからこそ、私たちが客としてお店に行ったときに自分たちをよく見てくれているって感覚になるんだなと思いました。

水口：本当に一人ひとりだと思いますね。お客様であり、パートナーであり一人ひとりとしっかりと向き合って。妥協をすれば簡単に崩れることだと思っているので、そこは緊張感を持って取り組んでいます。ミッション&バリューズの説明の一番下は、「人間らしさを大切にしながら成長し続けます」と締めています。会社の根幹が、ここに入っているんです。会社も成長するし、自分も成長する。素敵な一言だなと思いますね。

スターバックス、パーパス浸透の仕組み

水口氏のインタビューから、学ぶところは非常にたくさんありますが、ここでは①「人間らしくあるということ」、②「パーパスの自分ごと化」の2点について、考察していきます。

①人間らしくあるということ

10年前に、ハーバード・ビジネス・スクールの教授Youngme Moon氏は、著書『Different: Escaping the Competitive Herd』の中で、これから突出してくるブランドは共通して「強烈に人間らしい」（intensely human）ということを予測しました。

スターバックスでは、パートナーは人間であり、誰しも完璧ではないという事実を受け入れています。そして、お互いに敬意を持って接し、考えや気持ちを知る努力をすることで、人間として成長していくことの重要性を強調しています。水口氏はまた、信頼関係を築くことで率直な対話が生み出され、「人間らしさ」を重要視することが、いかにスターバックスの信念を

表現することへつながっているかを語っています。

では、組織が、ブランドが、人間らしくあるにどうすればいいのでしょうか？

共通言語が手話の「サイニングストア」は、「人々の心を豊かで活力のあるものにする」というスターバックスの存在理由がより深みを帯びて体現された成功事例と言えるでしょう。何より、聴覚障がい者の世界観を体験する機会の提供は、コミュニティの日々の生活に豊かさを与えます。

組織内の人々のニーズを明確にし、会社の高次元なパーパスも同時に叶えることができれば、ポジティブな変化が起こることは間違いありません。自分自身が人間だということを認め、それを積極的に受け入れること。互いを人として見ること。互いが抱えている問題を解決すること。夢や希望を叶えるために互いに助け合っていくこと。組織の中だけではなく、組織外の人々の生活にも、できるだけ多く寄り添うこと。これらに、ブランドが「人間らしく」

なれる要素が詰まっているのではないでしょうか。

②「パーパスの自分ごと化」

パーパス・ブランディングにおいて、「自分ごと」は大変重要なファクター（要因）です。スターバックスでは全従業員に対し、会社の理念と個人の夢や価値観（大切にしているもの）との接点を見つけてゴールを設定し、それによって自分ごと化してもらおうという考えです。ここにはかなりの時間をかけているそうですが、これによって個人が成長し、会社も成長していくと言います。水口氏は「パートナーの共感レベルやエンゲージメントが高くないと、会社はダメになる」とまで言っています。

どんなに素晴らしいパーパスがあっても、従業員の一人ひとりが「自分ごと化」できない限り、お飾りになってしまい、真の浸透は実現できません。パーパスを発信するだけではなく、自ら体現することで企業全体へ伝播されます。

そのためにも、誰もが理解できるわかりやすいパーパスが必要であり、誰もがストーリーを語れることが重要です。個人が会社のパーパスを自分自身の言葉で語ったとき、どんな言葉になり、背景にはどんな意味があるのかを知ることにもなる。つまり、パーパスが自分ごと化できていないと、自分の言葉で語ることは難しいでしょう。

では、自分ごと化させて、パーパスを行動に移すまでには、どのようにしたら良いのでしょうか？

パーパス・ムーブメントのフレームワーク（構造）

これは私たちが提供しているパーパス・ブランディングの浸透における一連の取り組みです。これを私たちは「ムーブメント」と呼んでいます図7（P178）。すでにお話しした通り、パーパスは決めて終わりではありません。そこからムーブメントを起こしていくことこそが重要なのです。

ムーブメントを起こすこと、つまり、すべての人々がパーパスに基づいて行動する組織を実現するには、2つの重要な事柄があります。それは、パーパスへの深い理解、そして、パーパ

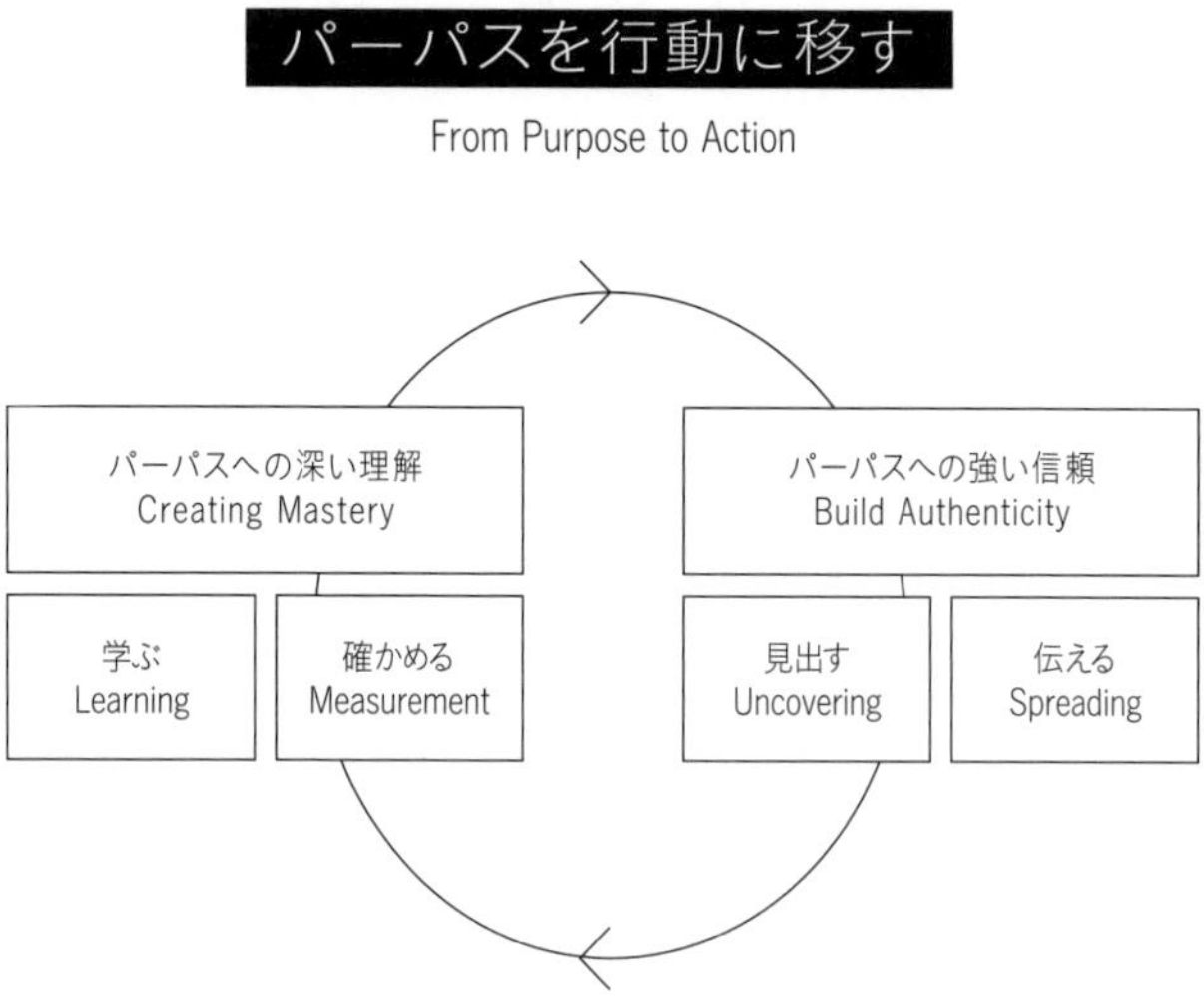
パーパスを行動に移す
From Purpose to Action
パーパスへの深い理解
Creating Mastery
学ぶ
Learning
確かめる
Measurement
パーパスへの強い信頼
Build Authenticity
見出す
Uncovering
伝える
Spreading

図7

スへの強い信頼です。

「理解」は、書いてあるパーパスの意味がわかるということです。これは極めて当たり前のことのようですが、単なる言葉の意味だけでなく、そこに込められた思いや関連する他の理念との結びつき、具体的にどう判断につながるのか、そういった理解を高めるということが、基本的に重要な要素の一つとなります。もう一つの「信頼」については、二つ意味があります。

まずは、パーパスに書いてある内容がその通りだと信じられていることです。それ自体が正しいことであり、組織の中心に据えるべきものだと信じていないと始まりません。もう一つは、自分が信頼することだけでなく、会社がこれを信じているということを確信する、という意味合いがあります。「そうは言うけど、会社がやってることは違うよね」という状態では、信頼が築かれない。信頼を醸成していくことは、すぐにできるものではなく、積み重ねが大事なので、組織がパーパスを本気で信じているのだということを、従業員全員が信じている状態になる、これが信頼を作っていくということです。

理解については、研修やワークショップなどにより、組織が掲げるパーパスを正しく学び、共感してもらうことが重要です。それと同時に、パーパスの浸透度合いを把握するための施策を全社で公式に導入し、社内コミュニケーションの中に組み入れることも必要となってきます。

信頼については、仕事やプロジェクトをパーパスの視点で省察するワークショップや、パーパスに導かれた象徴的なプロジェクトを行います。例えば、パーパスを具現化した商品を開発することや、パーパスを実感できる社内イベントを開催することなどです。そこで見出された、現実に起こったパーパスに基づく判断や行動を、広く社内外に共有する。そうすることで、パーパスが本当に自分たちにとって意味のあるものとなり、さらに新たなパーパスに基づく判断や行動が創出されていきます。

この他にも、日常の仕事で作成する文書の中に、パーパスに基づいて書かれているかどうかのチェック項目を入れるなど、通常業務の中にパーパスを確かめることができる様々な取り組みを実装します。これらの取り組みには終わりはありません。この、学ぶ（Learning）と確かめる（Measurement）、見い出す（Uncovering）と伝える（Spreading）のサイクルを回し続けることが、社内外に真なるムーブメントを起こし、パーパスに裏打ちされたブランド価値の創出につながっていくのです。

第5章 ポイント

・パーパスは、策定をした後の「浸透」が最も重要
・浸透のためには、経営陣・従業員、皆がパーパスを「理解」し「信頼」しなければならない
・パーパスを自らの言葉で語れるようになるくらいまで「自分ごと化」させる
・パーパス・ムーブメントとは、組織内のすべての人がパーパスに基づいて行動すること
・「理解」の促進には「学び」と「確認」、信頼の確立には「見いだし」と「伝える」ことが必要。そのサイクルを回し続けることで、パーパス・ムーブメントを起こすことができる
・組織・ブランドは、「人間らしさ」を忘れてはならない

会社の設立、部署の立ち上げ、商品企画など、始めることももちろん大変ですが、それ以上に、実装し続け、習慣化することがさらに重要かつ、努力を要します。それは、パーパスも同様です。自社のパーパスを「見つける」ことも大切ですが、そのパーパスを社員一人ひとりに理解してもらい、共感が生まれてからこそ、真の浸透＝ムーブメントが実現し、パーパスが自分ごと化され習慣に変わっていくのです。

6

パーパスが問われる時

危機的状況下だからこそ、パーパスの本質が試される

日頃から、すべてのビジネス活動について、自社のパーパスが照らし合わされているべきであるというのが、パーパス・ブランディングの基本であることは、これまでの章でお伝えした通りです。それを実践している組織であっても、そうでない組織であっても、おそらく経営者であれば皆、自らの組織の存在理由や存在意義といったものを少なからずとも改めて考えたであろうタイミングがありました。２０２０年のＣＯＶＩＤ‐19感染拡大により、世界中を巣ごもり生活に変えたパンデミックです。

各国のリーダーや企業のリーダーの発言や統率力、判断力、透明性といったものにいつも以上に注目が集まり、その手腕が問われる時でもありました。そうしたリーダーたちの姿を見ながら、自分の組織をどうしていくのか、そもそも、何のためにやっているのか、と改めて考えるきっかけになったという方も多くいるでしょう。

こうした状況下で、改めて、パーパスの重要性が浮き彫りになりました。社会で重要な問題が発生するほど、組織として、社会に何ができるのかを考えさせられることになったということも、パーパスの重要性を際立たせる一因となりました。

中には、すでに経営危機に陥り、パーパスや理念などと言っていられない、と考えるリーダーもいるかもしれません。そんな時こそ、一旦立ち止まって、見つめ直さなければならないのが、パーパスです。社会に対する存在理由にいま一度立ち返り、自分たちに何ができるのか、なぜそれをするのかを考えることで、今まで考えもしなかったような新しい方向性やアイデアが見えてくる可能性もあるのです。

ＣＯＶＩＤ‐19の発生以降、『ハーバード・ビジネス・レビュー』や『Forbes』などのビジネス誌などは、より崇高なパーパスの概念無しにアフターコロナのビジネス示唆は語れないと、こぞって書くようになりました。

この章では、危機的状況にこそ、必要となってくる拠り所としてのパーパスの存在についてお話しします。

あらゆるステークホルダーに影響を及ぼす

COVID‐19によるパンデミック以来、ビジネスの環境は急速に変化を遂げています。これまで導入していなかったテレワークを始めたところも少なくないでしょう。オフィスに集っていれば「なんとなく」組織文化というものが形成されていきます。しかし、リモートで働くようになると、その「なんとなく」が効かなくなってくる。組織文化が失われてきてはいないでしょうか？

リモート中でも組織文化を浸透させるためには、仲間（従業員）に対する働きかけを進めていくことが重要です。ここでも軸となるのがパーパスです。パーパスを中心とした組織文化が育成され醸成されていればいるほど、社員一人ひとりがパーパスに則った行動と判断ができます。内部のブランディングが確立されると、パーパスから得た理解を自身の仕事に転換し、外部に対して発信するブランディングとしても発展していきます。

パーパスを中心に据えて経営活動を行うことは、あらゆるステークホルダーに影響を及ぼします。すでにお話ししたように、パーパス・ブランディングは、それ自体にインターナルとエクスターナルの両方のブランディングを内包しています。何よりまずリーダーがすべての意思決定をパーパスに基づいて行い、インターナルでのパーパス文化を十分に浸透させることから始まります。

事業転換や、あるいは解雇といった、インパクトが大きい局面を迎えているところもあるでしょう。事業転換を図る場合、拠り所になるパーパスがあれば、その企業またはメンバーで、やるべき事業／やるべきではない事業が明確になります。

やむなく、解雇という決断を下さないとならない場合、解雇される人たちだけでなく、残る人たちも納得できる対応や説明が必要です。最終的に皆に納得してもらう、その拠り所になるのもパーパスなのです。

エアビーアンドビーのCEOブライアン・チェスキー氏が、パンデミックの影響で社員の4分の1を解雇する発表をしながらも、評価を上げた話は、2章でお話しした通りです。

マイクロソフトのサティア・ナディラ氏は、世界中が巣ごもりしていた2020年春のパンデミック最中の声明で、「いま起きている大きな混乱、先行きが不透明な状況において、最も重要なことは、パーパスに根差し、自分たちのアイデンティティに忠実であり続けることです」と発表しました。

アップルのティム・クック氏はパンデミック後の2020年Q4（7～9月期）の決算インタビューで「今のニューノーマルの状況は、仕事ではすべてを解決することはできません。しかし、皆が同じパーパスを共有することが、大きな役割を果たすのです」と、パーパスを共有する有効性に言及しました。

他にも、ユニリーバのCEOアラン・ホープ氏など、世界的な優れた経営者がこぞってパンデミック後に、こうした状況下こそ、いかにしてパーパスがより重要性を帯びてくるかを語っています。

グローバルBtoB企業に見るパーパス・ピボット

2020年は、COVID－19の発生によって様々なことが「ニューノーマル」になり、企業は今まで通りのコミュニケーションができなくなりました。そんな中で、パーパス・ピボットという考え方が生まれました。PIVOT（ピボット）＝旋回軸で回転すること。つまり、パーパス・ピボットは、パーパスを軸としてしっかりと据えながら、前進のために、状況に応じて大きく方向転換もしながら、突き進んでいくことです。パンデミックの中で、素早くパーパス・ピボットをした企業の例をご紹介します。

変革を続けるＢtoＢ界の巨人・ＩＢＭ

「Let's Put Smart to Work」――２０１８年、ＩＢＭは新しいブランディング・プラットフォームを発表した。このプラットフォームでは、ＩＢＭのテクノロジーがどのように社会に変化を生み出すのかというストーリーの数々を紹介することに焦点が当てられている。

２０２０年のパンデミック発生時、ＩＢＭはこのプラットフォームを基に、新たなコミュニケーション戦略を展開した。それは、コロナ禍で起きた緊急の問題を解決するにあたりＩＢＭの技術がどのように使用されているかに主眼を置いた、コンセプトに忠実に沿ったものである。具体的には、ＩＢＭのソリューションが、現在の私たちの生活に不可欠のＥコマース取引を可能にし、病院での救命活動を促進し、サプライチェーンを確実に動かすことで人々に食料品を届けるのを可能にしていることをアピールした。

ＩＢＭにとって、このような臨機応変な対応は初めてのことではない。実に100年以上の歴史の中で何度も自らを変革してきたのだ。

1980年代、IBMはPC業界のリーダーとして台頭したが、市場の競争が激しくなり飽和状態になると、その座を維持するのは厳しくなった。マスコミから〝滅びゆく恐竜〟と揶揄されたIBMは、2000年代にPC市場から撤退。しかしここでIBMはビジネスモデルを再構築し、〝e-business〟というビジネスコンセプトを筆頭に、製品メーカーからサービス中心のインテグレーターへと変革を遂げた。さらに2010年代には、一度は耳にしたことがあるであろう〝Smarter Planet〟のコンセプトを掲げ、データとクラウドの将来的重要性を見据えて、それまでのハードウェアビジネスから、ビッグデータとクラウドのプラットフォーム企業へと事業領域を再びシフトさせた。

IBM史の中で度々見られる、大きな変革。何をもってこれらの変革を可能とするのか？昨年のインタビューで、前CEOのジニ・ロメティ氏は、そのカギについて「"決して変わることがないもの"が何かを明確にしよう。それこそが会社のパーパスなのだ。IBMのパーパスは、常に世界において、何らかの形で"be essential（必要とされる存在）"でありつづけること。自らのパーパスが何であるかは明確にしておかないとならない。なぜなら、パーパスこそが、人々がするすべての核心にあるものなのだから」と語った。

BtoB界のサステナブルリーディング企業・インターフェイス

世界的なパンデミックにより、ビジネス界は大混乱し、世界中で景気が後退する中、新たなニーズも生まれることになった。世界最大のグローバル商業用カーペットタイルメーカーであるインターフェイス社は、変化する市場のニーズに対応した新製品を迅速に開発し、展開している。「ニューノーマルを受け入れ前進する」というテーマの新製品タイルカーペットは、豊富な色配列で80以上の組み合わせが可能な矢印プリントが入った遊び心のあるデザインで、オフィスや店舗でのソーシャル・ディスタンス対策に対応したものだ。

インターフェイス社の製品のセールスポイントのメインは、品質やデザインではない。全製品のCO_2排出量がゼロで、環境への悪影響が全くないことをアピールしている。同社は1994年に、全製品をCO_2排出量ゼロにすることをビジネスコンセプトとして目指し、サステナビリティのリーダーとしての道を歩み始めている。世界中の800人以上のサステナビリティの専門家を対象とした調査を1992年以来行っている「GlobeScan/Sustainability Leaders Survey」において、インターフェイス社は1997年にリーダー企業入りを果たした。これはサステナブル企業として代表的なパタゴニア、イケア、ネスレといった企業よりも10年以上前にリスト入りしたことになる。彼らのサステナビリティへの取り組みの背景には、「to lead the industry to love the world」（地球を愛する世の中へと産業界を導く）というパーパスがある。２０１９年にはCO_2排出量ゼロの目標を1年前倒しで達成し、現在彼らはパーパスを錨としてさらなる野心的なビジネスコンセプト「Climate Take Back」を掲げている。地球温暖化を逆転させることだ。同社は、商品やコミュニケーションを通じ、パーパスやコンセプトを実現している。例えば今年発売予定の製品は、製造と流通過程で環境からCO_2量を取り除く仕組みを取り入れ「カーボンネガティブ」となる。また、コミュニケーション面では、２０１９年「One Life」という感動的なミュージックビデオを公開し、業界内の気候変動対策へのムーブメントを促している。シルク・ドゥ・ソレイユのような雰囲気の、この美しい動画は、母なる自然をテーマにした映像とステージパフォーマンス、そして著名アーティストの音楽を見事に融合させている。

パーパスがブランド価値を高める・マイクロソフト

マーケティング、PR、IRなど、企業のあらゆるコミュニケーションにパーパスを取り入れることで、企業が伝えたいメッセージを「オン・ブランド」にすることができる。つまり、メッセージをブランドの核に結びつけることにより、よりブランドらしさを出せるのだ。マイクロソフトのBtoBオンライン会議サービスTeamsのアメリカでのコロナ禍でのCMは、〝世界は変わった。人々は新しい方法でつながり始めた〟というメッセージで始まり、BtoB顧客がパンデミックの間もどのように仕事を続けたかの体験談を次々と紹介する。そして〝チームを止めるものはない〟と締めくくられている。この広告はまさしく、〝地球上のすべての個人とすべての組織が、より多くのことを達成できるようにする〟というマイクロソフトのパーパスに沿ったものだ。

マイクロソフトは、他の大企業と同様に医療機器や備品の寄付といった慈善活動を広く行っており、その数々を広告でアピールする選択肢もあった。その方法でも好感度アップにはつながっただろうが、パーパスと結びつきがあるCMのほうが、よりブランドらしさを感じることができる。パーパスを起点にしたコミュニケーションと活動は、よりブランド価値を高めることができるのである。

（雑誌『ブレーン』2020年9月号掲載）

第6章 ポイント

・パンデミック発生後、より一層パーパスの重要性に注目が集まっている
・平時でも危機的状況でも拠り所になるパーパス

危機的状況に遭遇したとき、イノベーションがなかなか生まれないとき、マーケティング戦略が生活者に伝わらないとき、仕事におけるモチベーションが担保できないときなど、ビジネスを進行していく上で、必ず予期せぬ「壁」に直面することが一度はあるかと思います、そんなときこそが、パーパスに立ち返るときなのです。

私自身、時には目の前にあることでいっぱいになったり、COVID-19の影響で本質的ではない短期的なことを優先しそうになったりすることもあります。そこでこそ試されるのが、パーパスの力です。すべてのビジネスの根源は私たち「人間」が持つ志にあり、それを言葉にしたものがパーパスです。言うなれば、パーパスがあれば、どんな課題に対しても人間味ある解決方法を採ることができ、新たなビジネスの創出の原点にもなりうるのです。

終

おわりに

１９８０年代､ソニーのウォークマンは、世界中に感動体験を届けました。ソニーに限らず、日本のブランドが光り輝いていた時代です。それから、バブル崩壊と同じ頃ブランディングに長けた企業が出始めました。例えば、ナイキやP＆Gなどです。１９９０年代後半には、IT革命が起き、GAFAが台頭します。その後、リーマン・ショック、東日本大震災などを経て、いつの間にか、世界から注目される日本の強い企業やブランドが少なくなっていました。日本は元気がない、そんな話ばかりです。

今、世界ではパーパスのムーブメントが起きています。日本は、ここでも出遅れてしまうのでしょうか。そうならないために、この本を書きました。日本でも、ここ数年でパーパスという言葉を聞くようになりました。認知は確実に広がっていると思います。

その一方で、パーパスが、バズワード的に捉えられていることに、懸念を抱いています。パーパスは、決して一過性の流行りものではありません。パーパスは「何のために存在するのか」という極めて本質的な問いに対する答えです。流行っているからといって安易に取り入れても、うまくいかないどころかマイナスになるかもしれません。パーパスを正しく設定し、浸透させ、使っていくには、多大な努力と時間を要しますが、その地道な努力こそが、長期的な成長につながるのです。

先日、日経ＢＰコンサルティング・周年事業ラボが世界の企業を対象に、創業年数が１００年以上、２００年以上の企業数を調査した結果を見ました。創業１００年以上の企業数を国別に見ると、日本が1位（3万3076社）で、世界総数8万66社の41・3％を占めています。さらに創業２００年以上の企業では、日本の比率は65％まで上るという内容でした。

どうして日本の企業がそんなに長生きができるのか？　それは、昔からある「企業理念」にヒントがあるのではないか。パーパスという考え方は最近、浸透したものですが、日本企業は古くから「企業理念」を軸に経営してきたところが多い。それが結果として長く続く企業が多く残っている理由ではないかと思います。

創業１００年以上の企業は、社会課題を解決することを目的に起業したところも多かったでしょう。しかしながら、もともとあった理念を忘れてしまったり、見失ってしまったりしたケースは少なくないように思います。日本にもともとあったけれど、忘れてしまっていた理念やパーパスといったものが、今、逆輸入され、注目され始めています。日本企業が得意としていたと思われる、理念経営を今の時代に合ったパーパス・ブランディングにアップデートしていこうではありませんか。

私たちエスエムオーのパーパスは、「本物を未来に伝えていく。」です。本物とは、嘘偽りなく、「これは最高だ」と信じて作られた、世の中の人々に提供される「もの」や「サービス」のこと。売れるからではなく、人や社会の役に立つ、喜んでもらえることを目的とした、社会的意義のある企業やブランドを支援し続けたい。それは、結果的に世界で戦えるブランド作りにつながっていくと信じています。

最後まで読んでくださり、ありがとうございます。本書を読んでくださった方々の組織やブランドが強いものとなって、成長し続けることを願います。

そして、この本の出版に携わってくださったみなさんに心から感謝します。ありがとうございます。

参考文献

『スターバックス再生物語 つながりを育む経営』
ハワード・シュルツ、ジョアンヌ・ゴードン（著）、月沢 李歌子（訳）／徳間書店（２０１１）
『ＷＨＹから始めよ！ インスパイア型リーダーはここが違う』
サイモン・シネック（著）、栗木 さつき（訳）／日本経済新聞出版（２０１２）
『本当のブランド理念について語ろう「志の高さ」を成長に変えたトップ企業50』
ジム・ステンゲル（著）、池村 千秋（訳）、川名 周（解説）／ＣＣＣメディアハウス（２０１３）
『The PURPOSE ECONOMY』
Aaron Hurst（著）／Elevate（２０１４）
『ストーリーで伝えるブランド シグネチャーストーリーが人々を惹きつける』
デービッド・アーカー（著）、阿久津 聡（訳）／ダイヤモンド社（２０１９）
『Kellogg on Branding in a Hyper-Connected World』
Alice M. Tybout、Tim Calkins（著）／Wiley（２０１９）

『ハーバード・ビジネス・レビュー』２０１９年3月号 特集「パーパス」
ダイヤモンド社（著）、DIAMOND ハーバード・ビジネス・レビュー編集部（編集）／ダイヤモンド社（２０１９）
『ハーバード・ビジネス・レビュー』２０２０年10月号 特集「パーパス・ブランディング」
ダイヤモンド社（著）、DIAMOND ハーバード・ビジネス・レビュー編集部（編集）／ダイヤモンド社（２０２０）
『名演説で学ぶ　アメリカの歴史』
上岡 伸雄（著）／研究社（２００６）

参考ＵＲＬ
サイモン・シネック TED TALK「優れたリーダーはどうやって行動を促すか」
https://www.ted.com/talks/simon_sinek_how_great_leaders_inspire_action

その他、本書では、エスエムオーのメンバーである青山永、ジャスティン・リー、宮内春子、高橋苗、平原依文らとの会話から数多く引用しています。

齊藤三希子（さいとう・みきこ）

エスエムオー株式会社 代表取締役

株式会社電通に入社後、電通総研への出向を経て、2005年に株式会社齊藤三希子事務所（後にエスエムオー株式会社に社名変更）を設立。「本物を未来に伝えていく。」をパーパスとして掲げ、ものの本質的な価値を見据えたパーパス・ブランディングを日本でいち早く取り入れる。フューチャー・インサイトとクリエイティブを融合させた、強く美しいブランドをつくるためのコンサルティングを行なっている。慶應義塾大学経済学部卒業。

パーパス・ブランディング
「何をやるか？」ではなく、「なぜやるか」から考える

発行日	2021年7月11日　初　版
	2022年1月26日　第三刷
著　者	齊藤三希子
発行人	東彦弥
発行元	株式会社宣伝会議
	〒107-8550 東京都港区南青山3-11-13 新青山東急ビル9階
	TEL. 03-3475-3010
	https://www.sendenkaigi.com
編集協力	西山薫
装　丁	平野篤史（AFFORDANCE inc.）
DTP	次葉
印刷・製本	モリモト印刷

ISBN 978-4-88335-520-4